LES RÉPLIQUES LES PLUS DRÔLES DU THÉÂTRE

Pierre Arditi
présente

Les Répliques les plus drôles du théâtre

Collection
Le Sens de l'humour

le
cherche
midi

L'éditeur remercie Philippe Durant et Gilles Durieux pour leur aimable collaboration.

23, rue du Cherche-Midi, 75006 Paris.

Vous pouvez consulter notre catalogue général et l'annonce
de nos prochaines parutions sur notre site Internet :
cherche-midi.com

À ceux qui font sourire, on ne dit pas merci.
Je sais, oui, ça ne fait rien. Sois ignoré.
Va donc, laisse la gloire à ceux qui font pleurer.

SACHA GUITRY, *Deburau*

– Vous savez, vous, la différence qu'il y a entre un bon mot d'auteur et un mauvais ?
– Oui : l'auteur !

FRANÇOISE DORIN, *Comme au théâtre*

PRÉSENTATION

Lequel d'entre nous n'a pas rêvé d'avoir un jour, même l'espace d'un instant, l'esprit d'un Guitry, d'un Feydeau, d'un Labiche ou autre Courteline pour décocher, comme eux, des flèches brillantes et acérées dans ces circonstances où la vie nous place parfois et le plus souvent nous laisse désarmés et sans voix.

Qui n'a rêvé de dire un jour à un imbécile : « Comme ça doit être agréable de ne jamais réfléchir, je vous envie » (Albert Husson), ou encore à un pédant : « C'est un raisonnement de fortune et j'avoue qu'il est pauvre » (Guitry)...

Les auteurs, les bons, ont cet art consommé de nous venger en deux phrases de ce que nous endurons souvent sans pouvoir nous défendre.

Leur esprit, comme l'éclair, nous protège des femmes qui ne nous aiment plus (et *vice versa*), des pédants, des envieux, de la bêtise, de l'injustice, de la maladie, ou tout simplement de ce qui nous fait si peur... Finir.

Citer les pensées des autres, c'est souvent regretter de ne pas les avoir eues soi-même, et c'est en prendre un peu la responsabilité, disait Guitry. Lui. Toujours Lui.

Eh bien oui, s'emparer d'eux, les auteurs, c'est devenir enfin nous-même, mais un « nous » que nous n'aurions jamais osé imaginer.

Un « nous » que ni nos parents ni nos professeurs ni nos amis ni nos femmes n'auraient été capables de concevoir, car s'ils sont ces êtres chers une grande partie de notre vie, ils ne sont, si j'ose dire (et j'ose), que cela.

Guitry, Feydeau, Anouilh, Audiberti et les autres sont des gens pour lesquels la vie ne suffit pas. Encore faut-il savoir lui tirer la langue, avant que la vérité qui tue ne nous tue. « La vie, c'est bien joli, mais ça n'a pas de forme ; l'art est là pour lui en donner une. » (Anouilh.)

Les auteurs, si nous le voulons, font de nous des auteurs et, riant d'eux-mêmes et des autres, nous rappelent qu'il est inutile de prendre la vie au sérieux puisque de toute façon c'est une aventure dont on ne sort pas vivant.

« On devrait mourir une heure par jour, plutôt que tout à la fin » (Jean-Marie Gourio).

Pierre ARDITI

JEUX D'ESPRIT

Le mot, pour le bouffon, c'est pour le preux l'estoc,
L'aiguillon pour l'abeille et l'ergot pour le coq.
Et les jeux de l'esprit sont une aimable escrime.

Miguel ZAMACOÏS, *Les Bouffons*

*

Je suis épuisé… C'est horriblement fatigant d'être intelligent.

Francis VEBER, *Le Dîner de cons*

*

Le monde est divisé en deux parties : les gens qui lisent au cabinet et ceux qui n'y lisent pas !

Robert ROCCA, *Un certain monsieur Blot*
(d'après Pierre Daninos)

*

Si on criait sur la place publique les fautes de tout le monde, on ne pourrait plus fréquenter personne !

Marcel PAGNOL, *Fanny*

*

Mais, si on se disait toujours la vérité, dans le monde, on passerait sa vie à se dire des injures.

Eugène LABICHE, *Le Misanthrope et l'Auvergnat*

*

La vérité, il arrive toujours un moment où il faut la hurler, sinon on ne l'entend pas.

Félicien MARCEAU, *Madame Princesse*

*

Il ne faut jamais dire la vérité : c'est elle le vrai désordre.

Jean ANOUILH, *Les Poissons rouges*

*

Vous ne dites rien et on n'entend que vous.

Jean ANOUILH, *L'Hurluberlu ou le Réactionnaire amoureux*

*

Votre silence est tellement plus bavard que vos mots.

Eric-Emmanuel SCHMITT, *Variations énigmatiques*

Il n'y a rien de plus mystérieux que les gens qui n'ont pas grand-chose à dire.

Jean ANOUILH, *Cher Antoine*

*

Comme ça doit être agréable de ne jamais réfléchir. Je vous envie.

Albert HUSSON, *Le Système Fabrizzi*

Les choses ennuyeuses ont toujours un prestige que les choses amusantes n'ont pas.

Robert DE FLERS et Gaston ARMAN DE CAILLAVET,
Le Roi

*

Nous passons le plus clair de nos vies à massacrer de nos indifférences des amours que nous ne prenons ni le temps ni la peine d'apprécier.

ROGER-FERDINAND, *La Foire aux sentiments*

*

Comme si c'était toujours facile de se compliquer la vie !

Robert ROCCA, *Un certain monsieur Blot*
(d'après Pierre Daninos)

*

Tu ne peux pas savoir le temps que ça prend de ne rien faire.

Raymond CASTANS, *Auguste*

*

Le passé fait cadeau du présent. Le présent fait passer le passé.

Jacques AUDIBERTI, *L'Effet Glapion*

*

L'avenir ne sert qu'à arranger le présent.

Albert HUSSON, *La Cuisine des anges*

*

Il ne sait pas ce qu'il veut mais il ferait n'importe quoi pour l'avoir.

Marcel ACHARD, *Turlututu*

*

Le devoir c'est ce qu'on exige des autres.

Louis VERNEUIL, *L'Amant de coeur*

*

Nous ne sommes séparés que par vos opinions. Vous voyez que ce n'est pas grand-chose.

Robert DE FLERS et Gaston ARMAN DE CAILLAVET, *Le Roi*

*

C'est un raisonnement de fortune... et j'avoue qu'il est pauvre.

Sacha GUITRY, *Le Comédien*

*

Il y a des moments dans la vie – rares, je vous le concède – où il faut avoir raison.

Françoise SAGAN, *Château en Suède*

*

La logique plus la folie : voilà l'homme, l'homme tout entier.

Félicien MARCEAU, *Madame Princesse*

*

L'honneur c'est comme les allumettes : ça ne sert qu'une fois.

Marcel PAGNOL, *Marius*

*

Un optimiste est un monsieur qui croit qu'une dame a terminé sa conversation téléphonique parce qu'elle a dit « au revoir ».

Marcel ACHARD, *L'amour ne paie pas*

*

Depuis Richelieu, quarante académiciens se penchent en permanence sur chaque mot de la langue française. Si « inquiétude » et « anxiété » avaient le même sens, un de ces messieurs aurait tout de même fini par s'en apercevoir !

Yves JAMIAQUE, *Monsieur Amilcar*

Nos bonnes actions sont souvent plus troubles que nos péchés.

Marcel AYMÉ, *Vogue la galère*

*

Les gens prétendus bons sont, en général, des timorés qui n'osent pas être méchants ou des timides qui n'ont pas eu l'occasion de l'être.

Françoise DORIN, *Un sale égoïste*

*

Des lâches, il en faut... S'il n'y en avait pas, qui est-ce qui repeuplerait le monde quand tous les fiers-à-bras auront fini de s'entretuer ?

Pierre-Aristide BRÉAL, *Les Hussards*

*

Si chacun avait sa vie racontée sur sa figure, on ne vendrait pas beaucoup de miroirs.

Albert HUSSON, *La Cuisine des anges*

*

Nous sommes tous seuls. Le monde n'est qu'un désert peuplé.

Henri JEANSON, *Toi que j'ai tant aimée*

Je rêve d'une humanité pleine d'humanité.

René DE OBALDIA, *Monsieur Klebs et Rozalie*

*

Paraît que dans l'adversité on connaît ses amis. Il y a au moins six mois que nous n'en avons plus.

Marcel ACHARD, *Turlututu*

*

Si on ne peut plus tricher avec ses amis, ce n'est plus la peine de jouer aux cartes.

Marcel PAGNOL, *Marius*

*

Il faut n'exister que juste ce qu'il faut. Une fois qu'on se laisse aller, on ne sait plus où ça s'arrête. Voyez Napoléon.

Félicien MARCEAU, *L'Œuf*

*

– Un démenti confirme toujours !
– Ah bon ?
– Voyez ceux du gouvernement.

Albert HUSSON, *La Paille humide*

*

Raconter un potin qui n'est pas vrai c'est tout de même moins mal que raconter un potin qui est vrai.

Robert DE FLERS et Gaston ARMAN DE CAILLAVET, *Primerose*

*

C'est curieux : comme il y a des gens qui ne font pas leur âge, il y a des jours qui ne font pas leur température.

Françoise DORIN, *Les Bonshommes*

*

Un grand homme est souvent né d'un petit garçon.

André ROUSSIN, *Les Glorieuses*

*

– Vous naissez, vous croissez harmonieusement, on vous met dans une petite voiture et on vous pousse dans les allées du bois... Les oiseaux sont vos frères, les bonnes sœurs sont vos sœurs. Vous souriez aux passants, vous agitez votre hochet... C'est plutôt agréable, non ?
– Autant qu'il m'en souvienne.
– Eh bien, il arrive un moment mystérieux et indiscernable où l'on vous supprime la voiture, où personne ne veut plus pousser ! Pourquoi ?

René DE OBALDIA, *Le Satyre de La Villette*

*

J'ai remarqué que moins je me faisais d'illusions sur le monde qui m'entoure, plus j'appréciais ma propre compagnie.

Noel COWARD, *Poste restante*
(adaptation de Stéphane Laporte)

Pourquoi, à la rubrique de l'état civil dans le journal, donne-t-on toujours l'âge des personnes décédées et jamais celui des nouveau-nés ?

Eugène IONESCO, *La Cantatrice chauve*

*

La connerie est, à coup sûr, l'antidépresseur des pauvres.

Nicolas BEDOS, *Sortie de scène*

*

La sottise c'est comme les oreilles sales : j'ai horreur de ça !

Françoise SAGAN, *Château en Suède*

*

– Les gens ne supportent les privilèges que la nature ou la société t'a octroyés qu'en les compensant immédiatement par un défaut ou par une tare.
– C'est-à-dire ?
– C'est-à-dire qu'automatiquement si t'es beau t'es con, si t'es riche t'es un salaud, si t'es célèbre t'as la tête enflée.

Françoise DORIN, *Si t'es beau, t'es con*

*

Le chagrin c'est comme le ver solitaire : le tout c'est de le faire sortir.

Marcel PAGNOL, *Fanny*

*

– Personne ne peut en faire grief à l'autre et notre seule excuse au mal que nous faisons est le mal que l'on nous fait.
– C'est sûrement bien ce que vous venez de dire là, mais dès qu'une phrase est un peu longue, j'ai du mal à suivre.

ROGER-FERDINAND, *La Foire aux sentiments*

*

De nos jours, le premier penseur de bistrot venu, sous prétexte qu'il boit un Coca-Cola, les fesses sur du plastique, sous un tube de néon, a tendance à croire qu'il en sait forcément plus long que Platon !

Jean ANOUILH, *Les Poissons rouges*

L'ARTICLE 330

Neuf fois sur dix, la loi, cette bonne fille, sourit à celui qui la viole.

Georges COURTELINE, *L'Article 330*

*

La justice coûte cher, c'est pour ça qu'on l'économise.

Marcel ACHARD, *L'Idiote*

*

La justice n'a rien à voir avec la loi, qui n'en est que la déformation, la charge et la parodie. Ce sont là deux demi-sœurs, qui, sorties de deux pères, se crachent à la figure en se traitant de bâtardes et vivent à couteaux tirés tandis que les honnêtes gens, menacés de gendarmes, se tournent les pouces et le sang en attendant qu'elles se mettent d'accord.

Georges COURTELINE, *L'Article 330*

*

– Le ministère de la Justice ne marchera pas aussi bien sans toi !
– Il marcherait plutôt mieux. Mais ça ne se sentira pas : il faudrait qu'il y ait au moins cinquante employés qui manquent.

Tristan BERNARD, *Le Prince charmant*

*

Je ne comprends pas comment il a fait ça… Je l'ai expliqué dans une plaidoirie excellente, mais je ne l'ai jamais bien compris.

Alfred CAPUS et Emmanuel ARÈNE,
L'Adversaire

Les coupables, il vaut mieux les choisir que les chercher.

Marcel PAGNOL, *Topaze*

*

– Mais enfin, bon sang de bon sang, ça existe les erreurs judiciaires !
– On en sort toujours un peu fripé. L'innocent acquitté n'est jamais un véritable innocent. Le condamné par erreur.

Armand SALACROU, *L'Archipel Lenoir*

*

Si les juges se mettent à donner gain de cause à tous les gens qui ont raison, on ne sait plus où l'on va, si ce n'est à la dislocation d'une société qui tient debout parce qu'elle en a pris l'habitude.

Georges COURTELINE, *L'Article 330*

*

– Vous savez ce qu'est un mécontent, Fouché ? C'est un pauvre qui réfléchit.
– Une bonne police est là pour l'empêcher de réfléchir.

Jean-Claude BRISVILLE, *Le Souper*

*

– Je vois qu'on ne lit pas beaucoup les magazines dans la police.
– J'en lis, mais...
– Je préfère ne pas savoir lesquels !

Marcel MITHOIS, *Croque-monsieur*

*

Une bombe lacrymogène a échappé accidentellement des mains du chef de la police, Hartmann, qui en expliquait le maniement à une escouade d'auxiliaires. (...) Hartmann n'a été que très légèrement blessé mais c'est quand même la première fois qu'on le voit pleurer dans l'exercice de ses fonctions.

Ben HECHT et Charles MAC ARTHUR,
Spéciale dernière (adaptation de Jacques Deval)

*

– Il est très douillet. Même les Français arrivent à le faire parler. Il a déjà été passé à tabac deux ou trois fois par la police.
– Et alors ?
– Il parle tellement vite qu'on est obligé de le prendre en sténo.

Francis VEBER, *L'Enlèvement*

*

La police c'est comme les escargots : c'est à une bavure qu'on voit qu'ils sont passés.

Jean-Marie GOURIO, *Brèves de comptoir*

*

– Si vous n'avez pas de preuves, vos aveux ne valent rien, colonel.
– Vous n'allez pas m'arrêter ?
– Sans preuve, je ne peux rien raire. Nous sommes en Angleterre pas en France.

Saul O'HARA, *Le noir te va si bien*
(adaptation de Jean Marsan)

*

Pas d'humour, mademoiselle. Si les policiers le comprennent, les militaires, eux, le prennent toujours pour une insulte !

Pierre-Aristide BRÉAL, *La Grande Oreille*

*

– Notre nouvelle fusée sous-marine secrète, « la Crapouillote » : les plans de l'engin découverts dans les toilettes du personnel ! Comment expliques-tu ça ?
– Une urgence...

Robert LAMOUREUX, *Le Charlatan*

*

Au combat, tout le monde a peur. La seule différence est dans la direction qu'on prend pour courir.

Jean ANOUILH, *L'Hurluberlu ou le Réactionnaire amoureux*

*

Il n'y a pas de plaisir sans risques. Quand tu couches avec une femme, tu peux toujours attraper la vérole, pas vrai ? Eh bien la guerre c'est pareil.

Pierre GRIPARI, *Lieutenant Tenant*

*

Les généraux ont le corps voûté, pourquoi ? On ne répond pas trop vite, on réfléchit... Les généraux ont le corps voûté... Parce qu'ils... parce qu'ils passent de longues heures penchées sur les cartes d'état-major !

Victor HAÏM, *Qui a tué le général ?*

*

Quand un civil voit un mur, qu'est-ce qu'il fait ? Il s'arrête pour pisser ! Mais le militaire, lui, qu'est-ce qu'il fait quand il voit un mur ? Il te met devant et il te fusille !

Pierre-Aristide BRÉAL, *Les Hussards*

*

– Sous quoi une sentinelle ne doit-elle jamais s'asseoir ?
– Sous un pont.
– Non !
– Sous la pluie.
– (...) Une sentinelle ne doit s'asseoir sous aucun prétexte !

André MOUEZY-EON, *Les Dégourdis de la 11e*
(adaptation de Jacques Rosny et Annick Alane)

*

Quand un homme de bonne foi comme le colonel Ikonenko vous loge cinq balles à bout portant dans le ventre, on tombe ! Qui que l'on soit : on tombe ! C'est une simple question d'éducation.

Peter USTINOV, *L'Amour des quatre colonels*
(adaptation de Marc-Gilbert Sauvajon)

L'ÉCOLE DES CONTRIBUABLES

« Exercez-vous une activité professionnelle ? », « Ça dépend ». Évidemment : on vous demande de répondre par oui ou par non alors « Ça dépend », ça dépasse !

Josiane BALASKO, Marie-Anne CHAZEL,
Christian CLAVIER, Gérard JUGNOT,
Thierry LHERMITTE, Bruno MOYNOT,
Le Père Noël est une ordure

*

J'ai trop d'énergie pour travailler.

Marcel ACHARD, *Domino.*

*

– Il est très intelligent, ça compte.
– Polytechnique ! La belle affaire !
– Tu en es sorti, toi ?
– Je n'ai jamais cherché à y entrer !

ROGER-FERDINAND, *La Foire aux sentiments*

*

– Voici un canevas de discours. C'est Charles-Édouard de Merteuil qui me l'a confié. Tu te souviens ? Mon camarade de l'ENA.
– Vous faisiez du canevas à l'ENA ?

Paul-Henri DIPT, *Valses déveines*

*

Travailler ? Mais, ma pauvre chérie, Nicolas est en première année de Sciences-Po, autant dire qu'il ne sait rien faire.

Marcel MITHOIS, *Croque-monsieur*

Vos ministres aussi je les aime beaucoup. Ils sont très bons garçons, très gais ; on voit que ces hommes se disent : « Nous avons rempli notre devoir qui était de devenir ministres… et, désormais, nous n'en avons plus aucun à remplir. »

Robert DE FLERS et Gaston ARMAN DE CAILLAVET, *Le Roi*

*

Il a une très grosse situation politique, Chaumette ; il est très recherché dans les combinaisons ministérielles. Personne ne sait, comme lui, donner de l'insignifiance à une question. Beaucoup de talent.

Robert DE FLERS et Gaston ARMAN DE CAILLAVET, *Les Sentiers de la vertu*

*

– Mon Dieu, quel charabia ! Cela ne veut rien dire ce que vous dites là.
– Absolument rien. Mais tous les hommes d'État parlent comme ça.

Pierre-Aristide BRÉAL, *La Grande Oreille*

*

La démocratie est le nom que nous donnons au peuple toutes les fois que nous avons besoin de lui.

Robert DE FLERS et Gaston ARMAN DE CAILLAVET, *L'Habit vert*

– Qui vous oblige d'être socialiste ?
– Mes électeurs sont socialistes, je me suis mis à leur portée.

Jacques DEVAL, *Tovaritch*

Pendant trente ans, je me suis contentée de tenir ta maison, il m'a suffi de trois mois pour remettre de l'ordre dans ton usine. Alors, pourquoi ne pas faire la même chose avec la France ? C'est une grande baraque qui manque de femmes de ménage !

Pierre BARILLET et Jean-Pierre GRÉDY, *Potiche*

*

Quand un homme est célèbre, une femme est derrière.

André ROUSSIN, *Les Glorieuses*

*

La plupart des hommes politiques, ce sont des provinciaux, madame… Or, ces hommes-là, pour avoir l'air un peu parisien, il faut qu'ils aient des maîtresses.

Sacha GUITRY, *Désiré*

*

Tu ne peux pas offrir un portefeuille à Génin ! (…) Tu ne le peux pas ! Génin est le seul député de son groupe qui n'ait jamais réussi à être ministre. Il en est malade… Et toi tu vas lui offrir un portefeuille !

Marc-Gilbert SAUVAJON, *Treize à table*

*

– Qu'est-ce que vous faites dans la vie ?
– Rien, je suis dans la diplomatie.
– Vous n'avez pourtant pas l'air maladroit.

Robert DE FLERS
et Gaston ARMAN DE CAILLAVET,
L'Éventail

Il faut se laisser gouverner comme on se laisse couper les cheveux : par d'autres, tant bien que mal...

Jean ANOUILH, *L'Invitation au château*

*

Tu n'as pas réfléchi à l'effet produit dans une circonscription comme la mienne, la mieux pensante de France, lorsqu'ils apprendront que je suis un homme divorcé et que ma première femme était une vedette de music-hall !... La créatrice de « T'as mis dans le mille, Mimile » !

Pierre BARILLET et Jean-Pierre GRÉDY, *Folle Amanda*

*

Je ne vais jamais à la plage. Mon nom et ma situation ne me permettent pas de fréquenter les endroits où je suis exposé à saluer le premier venu.

Robert DE FLERS et Gaston ARMAN DE CAILLAVET, *Le Roi*

*

– Il monte de la classe cinq à la classe quatre !
– Parce qu'on monte en descendant dans les ambassades ?

Léonard SPIGELGLASS, *Le Pont japonais*
(adaptation de Pierre Barillet et Jean-Pierre Grédy)

*

– Consul de France à Sedan, c'est curieux, ça !
– C'est assez rare ; il faut faire une demande.

Jean Poiret, *La Cage aux folles*

J'ai passé mon conseil de révision, on m'a fait mettre tout nu et on m'a dit : « Vous ne devez pas avoir une bonne vue. » Ça a décidé de toute ma carrière. J'ai fait toute ma carrière au ministère de la Guerre.

Georges FEYDEAU, *On purge bébé*

*

J'ai fait des rêves atroces : j'ai rêvé que j'embrassais un notaire et trois avoués !

Eugène LABICHE, *Le Misanthrope et l'Auvergnat*

*

Blond et notaire : c'est bien fadasse !

Eugène LABICHE, *La Cagnotte*

*

– Cette affaire, je ne la sens pas. Je soupçonne le notaire de Marseille d'être un peu escroc sur les bords.
– Tous les notaires ne sont pas clairs.

Paul-Henri DIPT, *Entrée de jeu*

*

Je suis professeur. C'est-à-dire que, hors d'une classe, je ne suis bon à rien.

Marcel PAGNOL, *Topaze*

*

– Vous avez des dons, il suffisait de les mettre en valeur.
– Je n'ai guère eu le temps. Je suis fonctionnaire.

Eugène IONESCO, *Rhinocéros*

– Il n'a pas changé : toujours aussi rigolo. Il est huissier.
– Ah c'est joyeux, en effet.

Georges FEYDEAU, *La main passe*

*

– Tout ça ne lui a pas porté bonheur.
– Il est mort ?
– Il est devenu huissier.

Eugène LABICHE, *Célimare le bien-aimé*

*

Le redressement fiscal c'est lui quand même ! Faut être un peu tordu pour venir contrôler son propre gendre !

Muriel ROBIN et Pierre PALMADE, *Ils s'aiment*

*

Je croyais que, dans la loi française, tout inculpé est présumé innocent ?
Pas dans les affaires fiscales, cher monsieur. Tout contrôlé est présumé coupable au départ.

Jean-Jacques BRINAIRE, *Contribution directe*

*

Eh bien trouvez ! L'État vous paie pour trouver, pas pour chercher.

Jean-Noël FENWICK, *Les Palmes de monsieur Schutz*

*

– Je suis enseignant. Mais attention : enseignant non marxiste.
– Ça existe ça ?
– Y a pas de quoi faire un syndicat, si tu veux, mais on est quand même quelques-uns.

Gérard LAUZIER, *Le Garçon d'appartement*

*

– Mademoiselle, je vous ferai remarquer que j'ai passé l'âge du baccalauréat.
– L'âge seulement.

Robert DE FLERS et Francis DE CROISSET,
Les Vignes du Seigneur

*

– Si je te flanque à la porte, tu partirais ?
– Oui.
– Bon... alors, il n'y a plus de conversations possibles.

Jean MARSAN et Roger DORNES,
Interdit au public

*

– Je ne suis pas tapissier, je suis décorateur !
– Je ne vois pas la différence.
– Tu la verras sur la facture.

Ray COONEY et John CHAPMAN, *Le Saut du lit*
(adaptation de Marcel Mithois)

– Je ne vous paie pas pour me donner des conseils.
– C'est la preuve qu'ils sont désintéressés.

Marcel ACHARD, *Domino*

*

– Quand vous aurez donné votre démission, vous n'aurez plus peur d'être renvoyé.
– À ce compte-là, pour être sûr de n'avoir pas de migraine je pourrais me faire couper la tête.

Marcel AYMÉ, *La Mouche bleue*

*

– J'ai été refusé comme pilote de ligne à cause de l'orthographe. Expliquez-moi pourquoi il faut savoir mettre deux « l » à allumette pour piloter un avion ?
– Parce qu'allumette ça prend deux « l » comme les avions, tête de con !

Josiane BALASKO, Marie-Anne CHAZEL,
Christian CLAVIER, Gérard JUGNOT,
Thierry LHERMITTE, Bruno MOYNOT,
Le Père Noël est une ordure

*

– Je vous croyais ambitieux.
– Pas à ce prix-là : il faut trop se baisser pour trouver les marches.

Marcel ACHARD, *L'Idiote*

LES AFFAIRES
SONT LES AFFAIRES

L'important, dans la vie, ce n'est pas d'avoir de l'argent mais que les autres en aient.

Sacha GUITRY, *Le Scandale de Monte-Carlo*

*

Il faut choisir dans la vie entre gagner de l'argent et le dépenser : on n'a pas le temps de faire les deux.

Édouard BOURDET, *Les Temps difficiles*

*

Je trouve que c'est mieux pour un homme d'être riche, ça donne confiance.

Jean-Paul SARTRE, *La P... respectueuse*

*

Ah ! que ne suis-je riche pour venir en aide au pauvre que je suis !

Tristan BERNARD, *Le Fardeau de la preuve*

*

Il y a des gens qui ne méritent vraiment pas d'être riches.

Marcel AYMÉ, *Vogue la galère*

*

Nous gagnons assez pour que je me venge de la période où je ne possédais comme trousseau que l'épiderme de mes fesses.

Jacques AUDIBERTI, *L'Effet Glapion*

Il ne faut pas dire du mal des riches. On ne sait jamais ce qui peut nous arriver.

Christine ANGLIO, Juliette ARNAUD
et Corinne PUGET, *Arrête de pleurer Pénélope !*

*

– Jimmy n'est pas riche ?
– Il gagne des millions… voyons ! Non ! Mais, quand il était jeune et pauvre, il ne pouvait pas payer… Alors il a pris l'habitude et il ne l'a pas perdue…

Alfred SAVOIR, *La Voie lactée*

*

L'argent c'est comme les femmes : pour le garder, il faut s'en occuper un peu ou alors… il va faire le bonheur de quelqu'un d'autre.

Édouard BOURDET, *Les Temps difficiles*

*

– Il ne paie aucune pension alimentaire : ses trois femmes se sont remariées !
– Il les recase ! Mais c'est un génie, dis donc.

William-Douglas HOME, *Le Canard à l'orange*
(adaptation de Marc-Gilbert Sauvajon)

*

Tu as vu des femmes qui aiment les pauvres ?

Marcel Pagnol, *Topaze*

– Mon mari s'appelait Lord Bentley et il fabriquait des trottinettes.
– C'est dommage. Il aurait mieux valu qu'il s'appelle Lord Trottinette et qu'il fabrique des Bentley.

Françoise DORIN, *Les Bonshommes*

*

– Si j'avais pu, je t'aurais avancé le fric.
– Que c'est mignon, ce que tu me dis là. Tu es vraiment un cœur... Et tu ne peux pas ?

Maria PACÔME, *Les Seins de Lola*

*

Les bourgeois sont faits pour être avares et pour avoir de l'argent. Le jour où ils n'en ont plus, ils sont inutiles ; ils n'ont plus qu'à disparaître de la circulation.

Édouard BOURDET, *Les Temps difficiles*

*

Oui, oui, c'est bien la férocité froide, la cupidité du marchand... L'homme qui reste à son comptoir pendant des heures et qui ne s'ennuie pas, parce qu'il ne pense qu'à gagner, qu'à rafler, qu'à enfouir, qui est scrupuleux dans ses affaires... juste ce qu'il faut mais pas plus... Oh, le beau modèle...

Tristan BERNARD, *Le Peintre exigeant*

*

– En 1906, Lady Havelock est enlevée à Londres. (...) Son mari refuse de payer la rançon. Il reçoit d'abord une oreille, puis deux, puis un doigt, puis une main, puis un bras...
– Bon, ça va, est-ce qu'il a payé finalement ?
– Non, pour ce qui restait ça n'en valait pas la peine.

Francis VEBER, *L'Enlèvement*

Si le commerce était mieux fait, c'est le client qui devrait faire son prix.

Marcel AYMÉ, *Clérambard*

*

Tout homme, donc tout client, aime l'exception qui l'élève au-dessus du commun. Au prix « normal » de vingt-sept francs, la veste était difficile à vendre. Mais au prix « exceptionnel » de vingt-sept francs, ce fut un jeu d'enfant.

Albert HUSSON, *La Cuisine des anges*

*

Les affaires sont des échanges. On échange de l'argent, de la terre, des titres, des mandats électoraux, de l'intelligence, de la situation sociale, de l'amour...

Octave MIRBEAU, *Les affaires sont les affaires*

*

Il y a trois bonnes façons de se ruiner : le jeu, les femmes et les bureaux d'études ! Devine celle que j'ai choisie ? La moins marrante : les bureaux d'études.

Alain REYNAUD-FOURTON, *L'Entourloupe*

*

– Je n'aime pas quand les choses sont gratuites, mademoiselle.
– Cela vous inquiète ?
– Cela me paraît hors de prix.

Jean ANOUILH, *L'Invitation au château*

– C'est pour ça que j'ai mes diamants !
– (...) Petite, sais-tu combien ça fait de dindons à quatre francs cinquante ?
– Non.
– J'ai fait le compte : trente-sept et demi !... Tu portes trente-sept dindons et demi autour du cou !

Eugène LABICHE, *Un notaire à marier*

*

– Ce n'est pas un crime de spéculer.
– Peut-être, mon cher, mais ce qu'on ne vous pardonnera jamais, c'est d'y avoir pensé avant nous !

Pierre-Aristide BRÉAL, *La Grande Oreille*

*

On n'achète pas les tableaux parce qu'on les aime, on aime les tableaux parce qu'on les achète.

Georges FEYDEAU, *Champagnol malgré lui*

*

Au Canada, ils ne savent plus comment employer leurs bûcherons : ils leur font tailler des cure-dents en pointe à coups de hache !

Neil SIMON, *Le Grand Standing*
(adaptation de Raymond Castans)

*

Au XIXe siècle, les ouvriers travaillaient seize heures par jour. Tu m'entends ? Seize heures ! Et ils ne demandaient rien. Ils se contentaient de boire de l'absinthe et le patronat était beaucoup plus heureux.

Pierre SAUVIL, *La Surprise*

*

L'exploitation des imbéciles ? Mais les imbéciles ont toujours été exploités et c'est justice. Le jour où ils cesseraient de l'être, ils triompheraient, et le monde serait perdu.

Alfred CAPUS, *Mariage bourgeois*

*

Les esclaves, eux au moins, ils avaient du boulot !

Jean-Marie GOURIO, *Brèves de comptoir*

*

Il ne faut pas avoir peur des gens méchants, mademoiselle, ce sont des pauvres diables comme les autres. Les imbéciles seuls sont vraiment redoutables.

Jean ANOUILH, *L'Invitation au château*

*

Le secret du succès n'est guère connu que de ceux qui n'ont pas réussi.

Marcel ACHARD, *Turlututu*

*

Celui qui n'a pas réussi avec les femmes, à quoi lui sert-il d'avoir réussi ?

Jacques AUDIBERTI, *La Fête noire*

DOCTEUR MIRACLE

Un médecin consciencieux doit mourir avec le malade s'ils ne peuvent pas guérir ensemble. Le commandant d'un bateau périt avec le bateau, dans les vagues. Il ne lui survit pas.

Eugène IONESCO, *La Cantatrice chauve*

*

Je ne suis pas encore à l'Académie de Médecine, je n'ai pas encore le droit de me tromper.

Francis DE CROISSET et Robert DE FLERS,
Le Docteur Miracle

*

– Vous plaisantez, docteur.
– Jamais dans l'exercice de ma profession… Ou alors, je préviens.

Valentin KATAIEV, *Je veux voir Mioussov*
(adaptation de Tamara Dalmat
et Marc-Gilbert Sauvajon)

*

La santé n'est qu'un mot, qu'il n'y aurait aucun inconvénient à rayer de notre vocabulaire. Pour ma part, je ne connais que des gens plus ou moins atteints de maladies plus ou moins nombreuses à évolution plus ou moins rapide. Naturellement, vous allez leur dire qu'ils se portent bien, ils ne

C'est pas que je suis souvent malade, au contraire, je suis même d'une nature assez robuste, mais c'est vrai que régulièrement j'aime bien suivre des traitements que, personnellement, j'appelle préventifs. Je vois, là, je viens d'arrêter un traitement de quinze jours pour la chute des cheveux ; eh bien je sais que je ne me suis pas trompée parce que, avant le traitement, j'avais des cheveux sains, souples et brillants et quinze jours plus tard je les ai encore ! Comme quoi, j'avais quand même senti le vent venir, je ne suis pas folle !

Pierre PALMADE, *Pièce montée*

demandent qu'à vous croire. Mais vous les trompez. Votre seule excuse c'est que vous ayez déjà trop de malades à soigner pour en prendre de nouveaux.

Jules ROMAINS, *Knock*

*

Les pauvres médecins, tu penses : un homme bien portant, c'est un point d'interrogation pour eux... ils ne savent pas comment c'est fait !

Sacha GUITRY, *Mon père avait raison*

*

À quoi cela sert-il d'avoir des cheveux ? On passe toute sa vie à les regarder tomber...

Valentin KATAIEV, *Je veux voir Mioussov*
(adaptation de Tamara Dalmat
et Marc-Gilbert Sauvajon)

*

– Il dit qu'il a le mal de mer, alors je l'ai allongé délicatement.
– Le mal de mer en plein Paris ?
– Il est arrivé en bateau-mouche !

Ray COONEY, *Impair et père*
(adaptation de Stewart Vaughan
et Jean-Christophe Barc)

*

– Tante Anna ne risque pas d'attraper la jaunisse, elle l'a déjà.
– La vieille en Technicolor, c'est la fin du monde !

Joseph CAROLE, *De doux dingues*
(adaptation de Michel André)

*

Elle demande un congé de grossesse. Il paraît que c'est le quatrième dans l'année.

Pierre BARILLET et Jean-Pierre GRÉDY, *Potiche*

*

– L'insomnie peut être due à un trouble essentiel de la circulation intracérébrale, particulièrement à une altération des vaisseaux dite « en tuyau de pipe ». Vous avez peut-être, madame, les artères du cerveau « en tuyau de pipe ».
– Ciel ! En tuyau de pipe ! L'usage du tabac, docteur, y serait-il pour quelque chose ?

Jules ROMAINS, *Knock*

*

J'ai soigné mon Isaac et, croyez-moi, il s'en est très bien porté... Jusqu'à sa mort.

Léonard SPIGELGLASS, *Le Pont japonais*
(adaptation de Pierre Barillet et Jean-Pierre Grédy)

*

> – Les médecins inventent des maladies qui n'existent pas.
> – Cela part d'un bon sentiment : c'est pour le plaisir de soigner les gens.
>
> Eugène IONESCO, *Rhinocéros*

– Prenez-lui tout de même la température.
– Non, rien qu'en touchant son front, moi je sais s'il a la fièvre. Et puis, à force de lui mettre ce thermomètre dans le derrière, on finira par lui donner de mauvaise habitudes.

Marcel PAGNOL, *Fanny*

*

Demain, je téléphone au proprio, je lui mets le marché en mains : ou il installe un ascenseur ou j'arrête de fumer.

Maria PACÔME, *Les Seins de Lola*

*

Offre un petit remontant à monsieur, il est plus pâle qu'un soutien-gorge de première communiante.

Paul-Henri DIPT, *Entrée de jeu*

*

– On buvait chez les Pujol ? Ça aussi, tu me l'avais caché !
– C'est des Michonneau dont je parle. Le pépé, hein, pardon !
– Oh, le pauvre ! Parce qu'il mettait une goutte de café dans sa gnôle !

Pierre BARILLET et Jean-Pierre GRÉDY, *Potiche*

*

Arrête ! C'est du rhum agricole ! À la Martinique, on démarre les tracteurs en panne avec ça !

Jean-Noël FENWICK, *Moi, mais en mieux*

*

– Je ne bois du vin que lorsque je suis de bonne humeur.
– Diable ! Une bouteille doit vous durer longtemps.

Eugène LABICHE, *Embrassons-nous, Folleville !*

*

Il ne sera jamais déshydraté, il ne peut pas vivre sans bordeaux. Déjà au berceau il sentait le vin.

Jean BARBIER, *Les Jumeaux*

*

Huxdale ! Un alcoolique ! Une brute ! Ses chevaux eux-mêmes ne lui adressent plus la parole.

Robert DE FLERS et Gaston ARMAN DE CAILLAVET, *L'Amour veille*

*

Dans son état, il serait capable de dormir sur le capot d'une formule 1 pendant les 24 Heures du Mans.

Gérard LAUZIER, *Le Garçon d'appartement*

*

Nientz injecte des cellules vivantes provenant d'un fœtus de brebis. Ça fait des miracles... Mais il y a des effets secondaires : quelquefois, on sent le fromage.

Noel Coward, *Poste restante*
(adaptation de Stéphane Laporte)

Au Congrès national de la société psychiatrique, trois spécialistes venus démontrer le résultat de leurs travaux, accompagnés de trois malades sur lesquels ils avaient tenté leurs expériences, ont été bloqués dans l'ascenseur pendant quarante-cinq minutes. Quand on les a libérés, en pleine crise d'hystérie, on n'a pas pu distinguer les médecins des malades.

Neil SIMON, *Le Grand Standing*
(adaptation de Raymond Castans)

*

– J'ai lu dans un livre qui s'appelle *Les Coulisses de l'Histoire* qu'un bâtard de Louis XV avait failli mourir à neuf ans des suites d'une constipation opiniâtre.
– Oui, mais elle était opiniâtre et il était bâtard, ce qui n'est le cas de Toto ni d'un côté ni de l'autre.

Georges FEYDEAU, *On purge bébé*

*

J'ai eu la curiosité de faire analyser un échantillon et de le faire tester. Sur la mère de ma femme, c'est plus prudent. Eh bien c'est spectaculaire : elle a quatre-vingts ans, elle s'est mise au VTT !

Jean-Noël FENWICK, *Moi, mais en mieux*

*

– On m'a dit qu'elle s'était fait refaire le nez.
– Oui, effectivement, elle ne s'en cache pas.
– Elle aurait du mal !

Pierre BARILLET et Jean-Pierre GRÉDY, *Folle Amanda*

*

J'ai tellement peur du sida ! Même quand je prends ma température, je mets un préservatif !

Pierre PALMADE et Dominique LAVANANT,
Ma sœur est un chic type

*

– Je suis confuse, il faut que j'aille prendre mes médicaments.
– Attendez, on va vous demander de l'eau !
– Ce ne sont pas des choses qui s'avalent...

Chris COLUMBUS et Jaja FIASTRI, *Madame Doubtfire*
(adaptation d'Albert Algoud)

*

– Tu sais que le caviar est fatal pour le cholestérol : il ne faut pas en abuser.
– En ce qui me concerne, aucun danger !

Pierre BARILLET et Jean-Pierre GRÉDY, *Folle Amanda*

*

– C'est un imbécile. (...) On le soupçonne même d'avoir provoqué l'Alzheimer de mon grand-père.
– En faisant quoi ?
– Rien, en discutant avec lui.

Jean DELL et Gérald SIBLEYRAS,
Un petit jeu sans conséquence

– N'allez pas le répéter à tout le monde.
– Je suis un tombeau !... Ce n'est peut-être pas une expression bienheureuse pour un médecin.

Marc-Gilbert SAUVAJON, *Treize à table*

*

Vous la verriez avachie sur son lit d'hôpital... (...) Le goutte-à-goutte au bras, les tuyaux dans le nez, la tente à oxygène sur les épaules... Je me suis même laissé dire qu'en ce moment, rapport à elle, y en a qui creusent !

Philippe HODARA et Bruno CHAPELLE,
Ce soir ou jamais

LA VÉNUS DE MILO

Picasso ! Voilà le grand homme !… J'ai vu, l'autre jour, un tableau de cet oiseau-là à la devanture d'une galerie. C'est bien simple, j'ai failli tomber à la renverse ! Je m'en charge d'en faire autant : tu mets un pied à la place de l'œil, une paire de fesses en guise d'oreilles et hop ! le tour est joué.

André ROUSSIN, *Les Œufs de l'autruche*

*

La culture, c'est par moitié ce qu'on évite de lire.

Louis VERNEUIL, *Un mari idéal*

*

J'aurais le temps j'écrirais un livre, comme tout le monde.

ROGER-FERDINAND, *La Foire aux sentiments*

*

Quand on peut se regarder souffrir et raconter ensuite ce qu'on a vu, c'est qu'on est né pour la littérature.

Édouard BOURDET, *Vient de paraître*

*

Une biographie de Balzac. Ça me plaît bien. J'aime écrire sur les grands auteurs, j'espère toujours que leur talent est contagieux.

Francis VEBER, *Le Dîner de cons*

*

Ce petit ouvrage est tellement bête que rien ne l'égale en bêtise ; sauf le lecteur qui s'en délecte.

Georges COURTELINE, *La Paix chez soi*

*

– Je te remercie de l'envoi de ton dernier volume... Euh : *Cœur d'artichaut !*
– *Les larmes du cœur.*
– C'est ça !... Je savais bien qu'il y avait du cœur... Tu sais, je ne l'ai pas lu mais je l'ai rangé.

Georges FEYDEAU, *Monsieur chasse !*

*

Veux-tu que je te fasse la lecture ?... Quelque chose de drôle pour te divertir... Attends, je ne sais pas. Qu'est-ce que j'ai là ?... *Pêcheurs d'Islande* ou *Les Misérables* ?

Jan DE HARTOG, *Le Ciel de lit*
(adaptation de Colette)

*

– La lecture, il n’y a que ça de vrai : au moins on ne pense à rien.
– Vous savez, avec la presse actuelle, il n’y a aucun risque.

Valentin KATAIEV, *Je veux voir Mioussov* (adaptation de Tamara Dalmat et Marc-Gilbert Sauvajon)

– C'est bien, les concours. Moi, en ce moment, je fais celui du fromage qui fait floc, vous savez ? Le fromage immangeable.
– Qu'est-ce que c'est, le gros lot ?
– Un fauteuil à l'Académie française.

Rolland DUBILLARD, *Les Nouveaux Diablogues*

*

Ce qu'il veut, le lecteur, ce n'est pas de l'authentique c'est du croustillant. Que tu aies joué Phèdre à la Comédie-Française devant des salles combles, il s'en fout ; par contre que tu te sois fait proposer un joint par Jack Nicholson, il en redemande !

Paul-Henri DIPT, *Entrée de jeu*

*

– *Pluie*
Toi qui nous envoies tes gouttes,
Toi qui prends tes vacances en août,
Tu rafraîchis nos visages,
Tu reverdis nos paysages.
Pluie
Toi, si délicate et si douce,
Toi qui aides les petites pousses,
Ne nous laisse pas sans nouvelles
Car le soleil brûle nos ailes.
Pluie,
Oh pluie,
Tu es la pluie.

Pluie, pluie, pluie,
Pluie, pluie, pluie.
– La fin est originale.

Paul-Henri DIPT, *Valses déveines*

*

Je ne lui ai envoyé qu'une lettre : « Cher monsieur, j'ai lu vos poèmes deux fois. Vous auriez bien fait d'en faire autant. »

Jan DE HARTOG, *Le Ciel de lit*
(adaptation de Colette)

*

– Vous aimez Musset ?
– J'adore Musset !
– Eh bien, vous avez le bonjour d'Alfred !

Michel ANDRÉ, *La Bonne Planque*
(ajout de Bourvil)

*

– On fait de bonnes chansons, on passe une audition et puis après on se fait plus rare, on se fait désirer, on leur oppose un certain refus.
– Tu peux aussi refuser de chanter. Parce qu'un chanteur qui ne chante pas, on ne risque pas de s'en lasser !

Maria PACÔME, *On m'appelle Émilie*

*

– C'est pour une sitcom... Et vous allez voir la suite : à la page 66, je la viole !
– À la télé ?
– Oui ! Mais on ne verra rien, ils n'ont pas de budget !

Marc CAMOLETTI, *Duos sur canapé*

C'est toujours dommage de ne pas avoir du génie. Mais c'est moins grave, en fin de compte, qu'on ne se l'imagine. Il suffit que les autres croient qu'on en a.

Jean ANOUILH, *Ornifle ou le Courant d'air*

*

Ces gens ont édité un livre proprement pornographique ! Dégoûtant. À peine croyable... Pour arriver à y croire, j'ai dû le lire deux fois... mais je n'ai pas encore tout compris. Je crois que je vais le relire une troisième fois.

Ray COONEY et John CHAPMAN, *Le Saut du lit*
(adaptation de Marcel Mithois)

*

Si je ne croyais pas à l'espoir, je ne ferais pas de théâtre.

John MURRAY et Allen BORETZ, *Adieu Berthe*
(adaptation d'Albert Husson et Francis Blanche)

*

Il n'y a que deux sortes d'auteurs : les bons et les mauvais. Les mauvais font de mauvaises pièces... et les bons ne foutent rien !

Sacha GUITRY, *Le Comédien*

*

Que voyez-vous de profond, monsieur Majaule, dans votre œuvre ? À part l'intrigue qui sombre, en effet, aux plus grandes profondeurs après la quatrième réplique...

Noel COWARD, *Joyeux chagrins*
(adaptation de Pierre Gay et André Roussin)

*

– C'est de la bouillie de chat !
– Mais, général, c'est le théâtre de demain.
– Alors, je reviendrai demain.

Jean ANOUILH, *L'Hurluberlu*
ou le Réactionnaire amoureux

*

– Ce que vous ne paraissez pas comprendre c'est que le théâtre de demain c'est un théâtre d'idées !
– Oui... Eh bien moi ce qui m'intéresse en ce moment c'est le théâtre d'aujourd'hui.

Noel COWARD, *Joyeux chagrins*
(adaptation de Pierre Gay et André Roussin)

*

– J'étais venu pour vous engager.
– Pour jouer avec vous ?
– C'est-à-dire, autour de moi.

Alfred SAVOIR, *La Voie lactée*

*

Pour faire un bon mot, je tuerais père et mère. Heureusement, je suis orphelin.

Marcel ACHARD, *Patate*

– Elle remplace le pétomane qui s'est blessé.
– Allons aonc ? En travaillant ?
– Oui. Encore un qui voulait trop bien faire !...

Sacha GUITRY, *L'Illusionniste*

*

– Au théâtre, une fois sur deux le texte suffit.
– Et l'autre fois ?

Jean ANOUILH, *Cher Antoine*

*

Les directeurs de théâtre sont à mes pieds ! Ils ne se relèvent que pour aller porter leurs bénéfices à la banque.

Paul-Henri DIPT, *Entrée de jeu*

*

– Savez-vous quel est le grand malheur ?... C'est qu'on ne puisse pas faire l'amour avec une actrice pendant qu'elle joue !... Ce serait magnifique !
– Ça troublerait un peu le spectacle.

Sacha GUITRY, *Quadrille*

*

– Je ne suis pas journaliste, tu n'as pas besoin d'être sur la défensive.
– À en juger par le mauvais goût de certaines de tes questions, tu aurais de l'avenir dans cette branche.

Noel COWARD, *Poste restante*
(adaptation de Stéphane Laporte)

– Pourtant on dit que les artistes couchent beaucoup.
– Légende ! Ai-je une tête à avoir couché pour faire carrière ?
– La tête peut-être pas, mais le reste…

Paul-Henri DIPT, *Entrée de jeu*

*

– Excusez-moi, maître, mais j'ai tout de même trente-cinq ans de Comédie-Française derrière moi !
– C'est, évidemment, un handicap.

Jean ANOUILH, *Cher Antoine*

*

Tu joues comme une savate ! Même quand t'es de dos t'es à chier !

Josiane BALASKO, *Nuit d'ivresse*

*

– Elle a complètement lâché le théâtre.
– Il paraît que, pour ce qu'elle y faisait, le théâtre n'a pas perdu grand-chose.
– Si toutes celles qui n'ont pas de talent lâchaient le théâtre…

Sacha GUITRY, *Désiré*

*

À l'époque de mes débuts, j'ai posé justement cette question à un très grand acteur. Oui, je lui ai demandé si c'était difficile de jouer la comédie, et il m'a répondu : « Non, c'est impossible ! »

Sacha GUITRY, *Quadrille*

*

Le silence, au théâtre, c'est encore ce qu'on réussit le plus facilement.

Jean ANOUILH, *Le Rendez-vous de Senlis*

*

– Vous n'aimez pas les pétomanes, vous…
– Oh ! Je ne peux pas les sentir !

Sacha GUITRY, *L'Illusionniste*

*

Devant les journalistes : méfiez-vous ! Que vos réponses soient claires et précises. Car, comme cela s'est produit une ou deux fois depuis la naissance du journalisme, il se peut que vos propos ne soient pas déformés.

Robert LAMOUREUX, *Le Charlatan*

*

Il entra dans la critique. (...) Pendant vingt ans il jugea les œuvres littéraires et dramatiques. Il jugea passionnément, évitant de comprendre pour mieux être compris, fidèle à sa mission qui était d'abattre des talents et d'en décourager des autres.

Robert DE FLERS et Gaston ARMAN DE CAILLAVET,
L'Habit vert

*

On violerait leur sœur qu'ils demanderaient ses impressions au type pour leur canard !

Ben HECHT et Charles MAC ARTHUR,
Spéciale dernière (adaptation de Jacques Deval)

*

Vingt-cinq ans de malentendus avec la critique, c'est ce qu'on appelle une belle carrière.

Eric-Emmanuel SCHMITT, *Variations énigmatiques*

*

Un critique est mauvais, s'il ne vous aime pas.
Qu'importe que certains aient parfois de la verve : les seuls bons sont, pour nous, ceux qui louent sans réserve.

André ROUSSIN, *Les Glorieuses*

LE SEXE FAIBLE

Les femmes aiment ce qu'elles entendent, les hommes ce qu'ils voient.

Marcel ACHARD, *Le Mal d'amour*

*

La femme ne voit jamais ce qu'on fait pour elle ; elle ne voit que ce qu'on ne fait pas.

Georges COURTELINE, *La Paix chez soi*

*

Les gens qui prétendent que le contenant doit être plus grand que le contenu sont des imbéciles... Car, si c'était vrai, jamais le cœur d'une femme ne pourrait contenir tant d'ingratitude.

Margaret MAYO, *Mon bébé*
(adaptation de Maurice Hennequin)

*

Une femme a tous les droits, y compris celui de faire de l'humour sans jamais être amusante...

Paul-Henri DIPT, *Conduite accompagnée*

*

Les femmes, c'est comme la soupe, il ne faut pas les laisser refroidir.

Jean ANOUILH, *Ornifle ou le Courant d'air*

*

– Tu sais comment il m'a appelée ? Je te le donne en mille !
– Comment ?
– « Menteuse » !
– Mais tu n'avais dont pas menti ?
– Évidemment j'ai menti ! Mais enfin, tout de même, m'appeler « menteuse », moi ?

Margaret MAYO, *Mon bébé*
(adaptation de Maurice Hennequin)

– L'amour et le soufflé n'ont-ils pas d'ailleurs, bien des points communs ?
– Eh oui, monsieur l'inspecteur : il faut y goûter avant qu'ils ne retombent !

Pierre BARILLET et Jean-Pierre GRÉDY,
Le Chinois

*

C'est quand même pas à nous, les femmes, que vous allez apprendre ce que c'est un chagrin d'amour. On les a inventés !

Françoise DORIN, *Les Bonshommes*

*

Il n'y a rien de menteur comme un homme. Si ce n'est une femme.

Georges FEYDEAU, *La Puce à l'oreille*

*

Nous autres, femmes, nous ne savons pas très bien dire la vérité... ça embarrasse d'ailleurs un peu tout le monde, mais nous, surtout. En revanche, nous savons très bien mentir.

Sacha GUITRY, *La Jalousie*

*

Les femmes ont horreur d'attendre. C'est un supplice qu'elles nous réservent.

Jean ANOUILH, *Ornifle ou le Courant d'air*

*

Attendre, c'est presque toujours espérer.

Marcel ACHARD, *Patate*

*

Il n'y a que dans ces courts instants où la femme ne pense plus du tout à ce qu'elle dit qu'on peut être sûr qu'elle dit vraiment ce qu'elle pense.

Georges FEYDEAU, *Monsieur chasse !*

*

C'est quand tu ne penses à rien que tu as l'air de penser à quelque chose.

Jean MARSAN et Roger DORNES, *Interdit au public*

*

Avec cette façon universelle de se farder, toutes les femmes qui ne sont pas trop laides se ressemblent, en fin de compte.

Jean ANOUILH, *L'Invitation au château*

*

Mère Ubu, tu es bien laide aujourd'hui. Est-ce parce que nous avons du monde ?

Alfred JARRY, *Ubu roi*

*

– Elle peut être nue sous ce manteau et armée.
– Si elle est nue, elle est armée !

Jacques AUDIBERTI, *La Fête noire*

*

Aucune mâchoire de bouledogue n'est plus tenace que les doigts d'une femme qui hait.

Jean GIRAUDOUX, *Pour Lucrèce*

*

J'ai fait sa connaissance dans l'omnibus. Son premier mot fut un coup de pied.

Eugène LABICHE, *Un chapeau de paille d'Italie*

*

– Un homme ne doit pas refuser un cadeau de la part d'une femme américaine !
– Ah, non ? Pourquoi ?
– Parce que c'est très rare qu'une femme américaine fasse des cadeaux.

Marc CAMOLETTI, *Boeing Boeing*

*

Quand on dit d'une femme qu'elle est encore jeune c'est qu'elle ne l'est déjà plus tellement.

Françoise DORIN, *Les Bonshommes*

*

Le cœur, il faut que ça batte !... Pour qu'une femme reste en forme, les coups sur la gueule c'est mieux que tous les masques de beauté !

Pierre BARILLET et Jean-Pierre GRÉDY, *Folle Amanda*

*

– À dix ans, j'en avais partout, des filles : sous mon oreiller, dans mon coffre à jouets...
– On ne s'y prend jamais trop tôt !

Jean POIRET, *La Cage aux folles*

*

– Une fois, il a vu mes seins par hasard.
– Je t'ai toujours dit de fermer la porte de la salle de bains, à clef !
– C'était pas dans la salle de bains, c'était dans le couloir.
– Qu'est-ce que tu faisais les seins à l'air dans le couloir ?
– Je ne m'en sépare jamais, figure-toi !

Jean CAU, *Pauvre France*

*

Moi aussi, à votre âge, j'avais toutes les exigences. Sous prétexte que j'étais prête à tout donner à un homme, je le voulais à moi, totalement. Eh bien, ma chère enfant, j'ai une nouvelle pour vous : ce bonhomme dont nous rêvons toutes n'existe pas. C'est un animal fabuleux. Comme la licorne, le cheval-vapeur ou l'éléphant rose... Vous ne l'attraperez pas. Croyez-en ma longue expérience. J'ai beaucoup traqué l'éléphant rose.

Pierre BARILLET et Jean-Pierre GRÉDY,
Fleur de cactus

*

Je la connais celle-là. Je l'ai eue pour voisine l'autre soir. Elle était si décolletée qu'il fallait regarder sous la table pour voir comment elle était habillée.

Robert ROCCA, *Un certain monsieur Blot*
(d'après Pierre Daninos)

*

Les femmes pèsent leur poids, comme on dit, surtout si elles sont légères !

Albert HUSSON, *Le Système Fabrizzi*

LA BRUNE QUE VOILÀ

On n'aime que les femmes qu'on rend heureuses.

Marcel ACHARD, *Auprès de ma blonde*

*

L'amour ne m'a jamais déçue, je ne lui ai jamais rien demandé.

Marcel PAGNOL, *Topaze*

*

D'après toi, l'amour serait un crime ? Disons que c'est un grand malheur... auquel pour rien au monde on ne voudrait échapper.

André ROUSSIN et Madeleine GRAY,
Hélène ou la Joie de vivre

*

Dans l'amour, il n'y a que la conquête et la rupture qui soient intéressantes ; le reste c'est du remplissage.

Louis VERNEUIL, *L'Amant de cœur*

*

– J'ai une curieuse sensation au creux de l'estomac. Tu penses que c'est l'amour ?
– Non, de l'aérophagie. Tu as besoin de dîner.

Terence FRISBY, *Une fille dans ma soupe*
(adaptation de Marcel Moussy)

*

L'amour-propre et l'amour ça ne va pas ensemble. S'il y en a un que l'on appelle propre c'est pour le distinguer de l'autre qui ne l'est pas !

Georges FEYDEAU, *La Puce à l'oreille*

– Quel genre de femmes aimez-vous ?
– Toutes... Sauf les moches et les emmerdeuses.

Paul-Henri DIPT, *Conduite accompagnée*

*

Elle a toujours eu la passion des uniformes : à douze ans elle était amoureuse d'un chef de gare, à quatorze c'était un garde républicain et elle a épousé Pépé parce qu'il était lieutenant de spahis.

Claude MAGNIER, *Léon ou la Bonne Formule*

*

On devrait avoir une bourse quand on aime... « Vous aimez ? Alors arrêtez de travailler ; revenez quand vous voulez ! »...

Xavier DAUGREILH, *Accalmies passagères*

*

– Je ne suis pas le genre de femme sur laquelle les hommes se jettent.
– ... Tu es le genre de femme dont un homme se dit : « Tiens, en voilà une avec laquelle on aurait du plaisir à parler. »

Somerset MAUGHAM, *Adorable Julia*
(adaptation de Marc-Gilbert Sauvajon)

*

Quand on est jeune, l'amour c'est se faire croire qu'on est déjà de grandes personnes, et quand on est vieux, c'est se faire croire qu'on est encore des enfants.

Marcel ACHARD, *Noix de coco*

*

Ton père, j'aurais pu le tuer ! Mais avec amour...

Maria PACÔME, *Les Seins de Lola*

*

L'homme chasse la femme jusqu'à ce qu'elle l'attrape.

Marcel ACHARD, *L'Idiote*

*

– J'ai décidé de tomber amoureuse de toi.
– Ne soyez pas ridicule. Je pourrais être votre père.
– Tu es beaucoup plus vieux que mon père !

Ray GALTON et John ANTROBUS, *Quelle nuit !...*
(adaptation de Michèle LAROQUE
et Dominique DESCHAMPS)

*

Elle respirait l'honnêteté. Seulement elle avait la respiration très courte.

Eugène LABICHE, *Doit-on le dire ?*

*

– Sérieusement, Éléonore, croyez-moi…
– Vous me désirez « sérieusement »… C'est une des rares choses sérieuses chez les jeunes hommes riches.

Françoise SAGAN, *Château en Suède*

C'est une fille qui a la cuisse chaude, mais c'est une cuisse qui a du cœur.

Pierre-Aristide BRÉAL, *La Grande Oreille*

*

Quand un homme a vu d'une femme un bout de sa chemise, cette femme est sacrée pour lui ! Vous m'entendez ? Sacrée !... Retenez ce principe et qu'il vous serve à l'avenir.

Henry BECQUE, *La Parisienne*

*

L'être humain est le seul animal qui peut faire l'amour par politesse.

Pierre SAUVIL, *La Surprise*

*

Faire croire à une femme qu'on l'adore c'est l'article premier de la séduction. Lui faire croire qu'on ne veut surtout pas la séduire, c'est l'article deux. Et, si l'on sait jouer adroitement de ce jeu-là, avec du temps devant soi, un jour c'est la femme en question qui n'en peut plus et qui vient se jeter dans vos bras.

André ROUSSIN, *Un amour qui ne finit pas*

*

L'amour est le seul besoin naturel pour la satisfaction duquel il faille la collaboration d'un partenaire.

Thierry MAULNIER, *Le Sexe et le Néant*

*

Dans le monde entier, à n'importe quel moment, il doit y avoir des millions de nanas en train de dire : « Tu ne veux de moi que pour une chose ! » C'est le refrain de l'Internationale des nanas.

Terence FRISBY, *Une fille dans ma soupe*
(adaptation de Marcel Moussy)

*

– Le soir, dans le petit salon, vous ne m'avez peut-être pas dit, d'une voix tremblante de désir, que j'étais une femme intelligente, cultivée et sensible ?
– Une voix tremblante ?... J'étais un peu enrhumé, c'est tout !

Valentin KATAIEV, *Je veux voir Mioussov*
(adaptation de Tamara Dalmat
et Marc-Gilbert Sauvajon)

*

– Non, pas le corsage, pas le corsage... Pas ma gorge, pas ma gorge... Charles, Dieu nous observe...
– Justement, laissons-lui l'occasion de se distraire.

Michel LENGLINEY, *État critique*

*

Vous avez des yeux, Catherine, des yeux... et ce qui est extraordinaire, celui de droite est encore plus beau que celui de gauche... Quel dommage que vous n'en ayez pas trois.

Pierre-Aristide BRÉAL, *La Grande Oreille*

Une dame a beau dire : « Non, non, allez-vous-en, allez-vous-en, je ne veux pas... », on sait ce que ça veut dire ! Et quand elle vous demande : « Qu'est-ce que vous faites ?... Ah ça mais, qu'est-ce que vous faites donc ?... », elle sait très bien ce qu'on est en train de faire !

Sacha GUITRY, *Désiré*

*

Dans le parc, j'ai été à deux doigts d'avoir un flirt avec une nurse anglaise... quatre-vingt-dix-sept ans !... Te marre pas ! Ça allait marcher !... C'est le bébé qui n'a pas voulu !

Neil SIMON, *Le Grand Standing*
(adaptation de Raymond Castans)

*

Un beau garçon... C'était à Biarritz à minuit au bord de la mer... « Fermez les yeux » qu'il me dit... Je les ferme... Il me fauche mon sac et vlan ! il me fout dans l'eau !

Robert THOMAS, *La Perruche et le Poulet*

*

À la minute même où elle a franchi le seuil de mon living-room, deux petites choses – je devrais dire trois et pas si petites que cela – m'ont sauté aux yeux : premièrement sa bouche, deuxièmement et troisièmement sa poitrine !

Leslie STEVENS, *Adieu Prudence*
(adaptation de Pierre Barrillet
et Jean-Pierre Grédy)

*

Compliment finement troussé
Fait de plaisir femme glousser.

Paul-Henri DIPT, *Conduite accompagnée*

*

À Boston... J'étais fou amoureux d'une américaine... J'avais les couilles gonflées comme des bols à café, ça me donnait une propulsion dans l'espace !

Yasmina REZA, *Conversations après un enterrement*

*

– *(Prenant la main droite de la dame.)* Quelle jolie main, quelle grâce, quelle délicatesse. Comment ne l'ai-je pas remarquée plus tôt ? (...) Si vous saviez ce que j'éprouve en ce moment.
– J'en ai une autre ! *(Elle tend sa main gauche.)*

Roger MAC DOUGALL et Ted ALLAN, *Gog et Magog*
(adaptation de Gabriel Arout)

*

– Depuis que je vous connais, vous hantez toutes mes nuits…
– On s'est croisé hier pour la première fois !

Bruno CHAPELLE, *Poulard et fils*

*

– Elle n'est pas mal comme ça, de derrière…
– Et de devant ?
– Cher ami, ne vous méprenez pas, je veux dire qu'elle ressemblait…
– Une ressemblance de derrière ! Faut être physionomiste !

Alain REYNAUD-FOURTON, *L'Entourloupe*

*

Détrompez-vous, vous avez la beauté, disons... économe ! Si, si, à y regarder de loin, vous n'êtes pas sans grâce et la... comment dire ?... la majesté pesante de votre silhouette ajoute au pittoresque de vos appas...

Michel LENGLINEY, *État critique*

*

Ton corps, entrevu dans un de ces magazines démoniaques (…), s'est mis à hanter mes nuits. Depuis, le sang brûle dans mes veines. Je me tourne et me retourne dans mon lit, tandis que Déborah dort à côté de moi… comme un sac de patates.

Pierre BARILLET et Jean-Pierre GRÉDY, *Lily et Lily*

*

– Je ne sais pas faire de compliments… Je voulais vous faire un compliment et puis, patatras, ça ne sort pas… Enfin, ça ne sort pas dans une forme convenable.
– Peu importe la forme si le sentiment est juste.
– Bon, eh bien, voilà. Je voulais dire… Je… Je trouve que vous avez un beau cul !

Victor HAÏM, *Qui a tué le général ?*

*

– Ne commencez pas à me mentir par-dessus le marché. Vous me faites une cour honteuse !
– Mais…
– Ne le niez pas ! Une cour scandaleuse… Sous le toit de votre ami Bernard qui vous héberge ! Vous n'hésitez pas à tourner autour de moi comme un homme des cavernes autour de son feu !

Marc CAMOLETTI, *Boeing Boeing*

*

La première fois, on s'en rappelle toute sa vie ! Tiens, moi, par exemple... C'était une Anglaise. J'avais dix-sept ans. Elle en avait soixante-cinq... Elle ne prenait que cent cinquante francs...

Alain KRIEF, *La Drague*

– Quelle flamme, quelle ardeur, quelle passion !
– Ce n'est que la partie visible de l'iceberg qui s'enflamme pour vous !

Philippe HODARA et Bruno CHAPELLE,
Ce soir ou jamais

*

Madame Doubtfire, savez-vous que j'ai mon canon qui pointe sur votre position ?

Chris COLUMBUS et Jaja FIASTRI, *Madame Doubtfire*
(adaptation d'Albert Algoud)

*

Elle n'est pas compliquée, elle me téléphone : « Qu'est-ce que tu fais ce soir ? », « Rien ! », « Si on le faisait ensemble ! » Et hop, on le fait !

Robert LAMOUREUX, *Le Tombeur*

*

La seconde nuit n'est pas difficile à obtenir… la seconde nuit c'est le succès… la première nuit c'est le triomphe.

Sacha GUITRY, *L'Illusionniste*

*

– Il me semble qu'on fait régulièrement l'amour, si c'est de ça dont tu veux parler.

– Voilà, tu l'as dit : « régulièrement ». L'adverbe à ne jamais utiliser quand on parle d'amour.
– Ah... pardon, excuse-moi. On a droit à quel adverbe ?

Jean DELL et Gérald SILBEYRAS,
Un petit jeu sans conséquence

*

Au lit ?... Je préfère ne même pas en parler !... Tiens, l'autre jour, j'ai vu un documentaire sur les lapins. Tu ne vas pas me croire : on fait une minute de moins !

Muriel ROBIN et Pierre PALMADE, *Ils s'aiment*

*

L'orgasme, Paul, n'est pas une remise de prix une fois par an !

Éric DELCOURT, *La Sœur du Grec*

*

– C'est encore toi qui as insisté pour que je te raccompagne en voiture.
– J'étais sûre que tu étais le prince Charles !
– Je ne pense pas que le prince Charles ait jamais raccompagné une seule fois une jeune femme en Simca 1000 !

Dany BOON, *La Vie de chantier*

*

Prenez un cercle, caressez-le, il deviendra vicieux !

Eugène IONESCO, *La Cantatrice chauve*

– La première fois que je l'ai vu, il était nu. Il se baignait seul au soleil couchant, l'eau était transparente, sa nage était élégante. Au bout d'un moment, il a regagné la petite crique de Crack, encastrée dans les rochers. Je l'observais derrière l'un d'eux. Tout d'un coup, branle-bas de combat : pan dans les yeux ! Toc dans le cœur ! Shlack dans le ventre !
– Elle raconte bien.

Françoise DORIN, *Soins intensifs*

*

Qu'est-ce que vous voulez attendre d'un bonhomme qui a vu le jour à Vaugirard et qui n'a jamais quitté le 15e ? Ça ne peut vous faire que de l'amour d'arrondissement !

ROGER-FERDINAND, *L'Amant de Bornéo*

*

De ce côté-là, mon mari - Dieu ait son âme – ce n'était pas un foudre de guerre, loin s'en faut. Avec lui les préliminaires se limitaient à ces mots : « En position, j'arrive ! »...

Chris COLUMBUS et Jaja FIASTRI, *Madame Doubtfire*
(adaptation d'Albert Algoud)

*

Ce que je vais te faire, aucune bête au monde n'en serait capable !

Jean-Noël FENWICK, *Moi, mais en mieux*

*

Êtes-vous capable de faire l'amour en pilotant un avion en flammes ?

Jean POIRET, *Opération Lagrelèche*

*

– Maman, maman !
– Qu'est-ce qu'il y a ?
– Au viol !
– Ah bon.

Joseph CAROLE, *De doux dingues*
(adaptation de Michel André)

*

Un jour, dans un bistrot, deux types se battent. J'essaie bêtement de les séparer. Ils m'attrapent ensemble et me lancent à deux reprises sur une vieille dame. Elle a porté plainte contre moi pour harcèlement sexuel !

Pierre SAUVIL, *La Surprise*

*

Nous formions un très beau couple. Surtout elle.

Ray COONEY, *Le Vison voyageur*
(adaptation de Jean-Loup Dabadie)

On le tient l'obsédé, on le tient le pervers, on le tient le phallique !

Francis VEBER, *Le Dîner de cons*

*

Si vous faites l'un ou l'autre un pas vers la porte, je déchire ma robe, je me griffe et je crie au viol. Je ne plaisante pas. Je pleure à volonté. Je vous accuserai tous les deux. On me croira. J'ai déjà fait le coup en Pologne avec un officier russe. Il est à présent en Sibérie. Il pose des rails. Sans moufle.

Jean-Noël FENWICK, *Les Palmes de monsieur Schutz*

*

Si on commence à défoncer le crâne de tous les mecs qui nous foutent la main au cul... Déjà que les bons coups ne courent pas les rues...

Gérard LAUZIER, *Le Garçon d'appartement*

*

– Ah c'est bien ça, les hommes ! Ils ne sont gentils que la veille !

– ... Ou le surlendemain.

Georges FEYDEAU, *Le Dindon*

*

J'avais un cousin (...) très religieux, très réservé. Il avait toujours au bout des doigts un éternel parapluie. Un soir, je l'ai rencontré dans mon escalier : il avait trouvé le moyen de mettre son parapluie sous son bras et de glisser ses deux mains dans le courage de ma petite bonne !... Croyez-moi : quand les hommes veulent vraiment quelque chose, ils ne s'embarrassent de rien. Même pas de leur parapluie !

Jean DE LÉTRAZ, *Bichon*

*

Mes besoins sexuels sont insignifiants : deux ou trois fois par jour, ça m'a suffi pleinement.

Ray GALTON et John ANTROBUS, *Quelle nuit !...*
(adaptation de Michèle LAROQUE
et Dominique DESCHAMPS)

*

Tu parlais de mon avenir, tu parlais de mon corps comme un paysan de son champ. Tous les hommes, avec les femmes, sont des paysans. Vous vous emparez de nous... Nous sommes votre bien pour l'éternité.

Armand SALACROU, *Une femme libre*

*

– Tu veux faire l'amour avec une fille devant moi ?
– Pas devant toi : avec toi !
– Deux filles en même temps ?... Comment vas-tu faire ?
– Techniquement c'est faisable.

Luis REGO et Didier KAMINKA,
Viens chez moi, j'habite chez une copine

*

Faire l'amour avec une femme qui ne vous plaît pas c'est aussi triste que de travailler.

Jean ANOUILH, *L'Hermine*

*

Vous me direz : l'amour ça se sent. La fièvre aussi, ça se sent. N'empêche qu'il y a le thermomètre. Ce n'est pas pareil d'avoir 37,5 ou 39,8... L'amour comment savoir ? Formidable. Mais formidable 37,5 ou formidable 39,8 ?...

Félicien MARCEAU, *L'Œuf*

*

Nous avons joué l'amour, Lorette. Un joli jeu. Où il n'y a que des perdants.

Marcel ACHARD, *Domino*

*

Il y a ceux qu'on aime et ceux avec qui on se plaît.

Henrik IBSEN, *Maison de poupée*

*

Même dans le bonheur il y a de mauvais moments à passer. Quel dommage qu'on ne puisse pas se faire opérer de la conscience comme de l'appendicite.

William-Douglas HOME, *Le Canard à l'orange*
(adaptation de Marc-Gilbert Sauvajon)

*

Tous les souvenirs d'amour sont de beaux souvenirs, croyez-moi. Même s'ils sont mauvais, même s'ils sont cruels...

Marcel ACHARD, *Domino*

*

– Ah quelle misère d'aimer !
– Ah quel supplice d'être aimé !

Georges DE PORTO-RICHE, *Amoureuse*

UN FIL À LA PATTE

Non Pénélope, on ne dit pas plus « bonne chance » aux gens qui se marient que « courage » !

Christine ANGLIO, Juliette ARNAUD
et Corinne PUGET, *Arrête de pleurer Pénélope*

*

Je veux un mari comme je voudrais un diamant : pour les joies et pour les feux qu'il me donnera sans s'en douter.

Jean GIRAUDOUX, *Intermezzo*

*

Être célibataire, en somme, c'est opter officiellement pour la polygamie : tu peux avoir trois maîtresses à la fois sans qu'aucune d'elles ne soupçonne ce partage.

André ROUSSIN, *La Petite Hutte*

*

Je crois que les femmes sont faites pour être mariées... et que les hommes sont faits pour être célibataires. C'est de là que vient tout le mal !

Sacha GUITRY, *Mon père avait raison*

*

Vous par exemple, qu'est-ce que vous voudriez ? Devenir ma femme, je sais. Mais bague à part ?

Jacques AUDIBERTI, *L'Effet Glapion*

*

– Il a quand même dit oui.
– Je n'étais pas sûre qu'il dirait oui. Alors, j'ai éternué… le maire n'a pas insisté !

Maria PACÔME, *Les Seins de Lola*

*

On ne se marie jamais très bien du premier coup. Il faut s'y reprendre.

Alfred CAPUS, *La Petite Fonctionnaire*

*

Je connais les mariages d'amour… C'est merveilleux… Comme les melons : un sur dix tient ses promesses.

Marcel MITHOIS, *Croque-monsieur*

*

– On ne marie pas sa fille tous les jours !
– Ce serait monotone.

Jules RENARD, *La Bigote*

*

– Il n'est pas un peu jeune pour se marier ? (...) Il a seulement vingt-quatre ans, non ?
– Mais il est tellement plus vieux que son âge !... Il a les goûts d'un homme de quarante ans.
– Alors c'est trop vieux pour se marier.

Édouard BOURDET, *Le Sexe faible*

*

Quand on a vingt ans de plus qu'une femme, c'est elle qui vous épouse.

Sacha GUITRY, *Quadrille*

*

– Pense un peu à ton cousin Gomez qui a épousé une bossue de quinze ans plus âgée que lui !
– Il avait des dispositions que je n'ai pas.

Édouard BOURDET, *Le Sexe faible*

*

– Urbain épouse mademoiselle Mercadier.
– Oh ! C'est pas vrai, c'est pas vrai... D'abord, elle est affreuse !
– Elle est assez affreuse, mais elle a trois millions de dot ; si vous voulez : de dommages et intérêts !

Robert DE FLERS et Gaston ARMAN DE CAILLAVET, *Miquette et sa mère*

*

Voilà pourquoi je t'ai épousée : pour ton esprit français et ton argent suisse.

Robert THOMAS, *Double jeu*

Pourquoi ne pas faire voter une loi ? Seuls les couples produisant une lettre de leur psychiatre certifiant qu'ils sont bien appareillés auront la permission de se marier.

Neil SIMON, *Pieds nus dans le parc*
(adaptation d'André Roussin)

*

– Il vous a dit qu'il allait se remarier ?
– Oui, et je trouve qu'il va un peu vite... Il n'y a que trois mois qu'il est veuf...
– Il est veuf depuis trois mois, mais cocu depuis vingt ans...

Marcel PAGNOL, *Marius*

*

Le mariage, ma petite, c'est la robe. Après, évidemment, on a le mari !

Jean ANOUILH, *Les Poissons rouges*

*

– « *Ce matin t'a fait femme devant la loi, ce soir te fera femme devant la nature.* » Enfin, tu trouves ça convenable à dire à une jeune fille ?
– Je lui dis ce qui doit arriver.
– Elle n'a pas besoin de toi. Elle s'en apercevra bien !

Georges FEYDEAU, *La main passe*

*

Quand on se marie, on épouse les deux : la mère et la fille !...

Sacha GUITRY, *La Jalousie*

*

C'est la fille que j'épouse, c'est la mère qui m'adore.

William-Douglas HOME, *Le Canard à l'orange*
(adaptation de Marc-Gilbert Sauvajon)

*

Belle-maman. (...) J'ai toujours été à deux doigts de l'aimer cette femme-là... Deux doigts qui ont suffi pour creuser un fossé entre nous.

Roger MAC DOUGALL et Ted ALLAN, *Gog et Magog*
(adaptation de Gabriel Arout)

*

« Ma mère » c'est tendre, c'est gentil, c'est affectueux. Tandis que « ma belle-mère » a quelque chose de sec, d'aigre-doux, de discourtois que rien ne justifie !

Georges FEYDEAU, *On purge bébé*

*

> Ma femme est l'intelligence même. Elle est même plus intelligente que moi. En tout cas, elle est beaucoup plus féminine.
>
> Eugène IONESCO, *La Cantatrice chauve*

– Sans indiscrétion, mademoiselle Françoise, vous n'avez jamais songé à vous marier ?
– Si... à cinq ans et demi avec mon père !... Hélas, il y avait une autre femme entre nous : ma mère.

Pierre BARILLET et Jean-Pierre GRÉDY, *Les Choutes*

*

Quand une femme a réussi à attraper un homme et à l'emporter dans son coin pour le ronger comme un os, elle commence déjà à regretter que l'os ne soit pas plus gros.

Thierry MAULNIER, *Le Sexe et le Néant*

*

– Être bourgeoise, c'est être honnête.
– Non, mon enfant, être bourgeoise, c'est être mariée.

Robert DE FLERS et Francis DE CROISSET,
Les Vignes du Seigneur

*

– Tu me reproches de ne pas te demander ton avis alors que, précisément, je te le demande.
– C'est pour le plaisir de n'en pas tenir compte que tu veux l'avoir.

Thierry MAULNIER, *Le Sexe et le Néant*

*

Je suis toujours de ton avis. Mais je n'en tiens absolument aucun compte.

Pierre BARILLET et Jean-Pierre GRÉDY, *Le Don* d'*Adèle*

*

Un bon mari ne se souvient jamais de l'âge de sa femme, mais de son anniversaire toujours.

Jacques AUDIBERTI, *La Poupée*

*

– Une femme tout en jambes, si vous voyez ce que je veux dire.
– Je vois très bien.
– Ma femme c'est tout le contraire : après le derrière c'est tout de suite le sol.

Terence FRISBY, *Une fille dans ma soupe* (adaptation de Marcel Moussy)

*

Tu as de toutes petites jambes. On croit que c'est ton genou et pas du tout c'est déjà ton derrière !

Marcel ACHARD, *Noix de coco*

*

Tu es une brave petite femme, une bonne mère de famille. À qui il ne manque que des enfants pour l'être tout à fait.

Georges FEYDEAU, *La main passe*

*

C'était une femme méritante, ton Adèle. Courageuse, énergique… Pas vraiment espiègle. C'était plutôt du genre « on rigole chaque année bissextile » !

André MOUEZY-EON, *Les Dégourdis de la 11*[e]
(adaptation de Jacques Rosny et Annick Alane)

*

En Amérique, c'est lorsque deux personnes mariées soupent ensemble que cela fait scandale !

Sacha GUITRY, *Quadrille*

*

– Tu ne m'as parlé que d'un mari ! Pourquoi ne m'as-tu pas parlé des autres ?
– Pour quoi faire, mon chéri ? Ce sont des gens que tu ne connais pas.

Joseph CAROLE, *De doux dingues*
(adaptation de Michel André)

*

– Dieu condamne la violence.
– Dieu n'est pas marié, monsieur l'abbé.

Jacques DEVAL, *La Rose de septembre*

– Marié une seule fois.
– Par conviction religieuse ?
– Non, mais il se trouve que nos idées – à Dieu et à moi – coïncidaient sur ce point.

Jean ANOUILH, *Les Poissons rouges*

*

Les curés sont consolés de ne pas être mariés quand ils entendent les femmes se confesser.

Armand SALACROU, *Une femme libre*

*

– La vérité c'est que tu as toujours l'air d'oublier que je suis ta femme. Voilà.
– Un saint ! Tu ferais sortir de ses gonds, un saint.
– Les saints n'ont pas de femme. Toi, oui !

André ROUSSIN, *Un amour qui ne finit pas*

*

– Je suppose que c'est votre jeune épouse ?
– Non : c'est la vieille de monsieur Coïk.

Ray COONEY, *Panique au Plazza*
(adaptation de Christian Clavier et Jean-Marie Poiré)

*

Je me rappelle ton premier baiser. C'était autre chose. Tu me l'as volé. Et puis tu as mendié le second, demandé le troisième, pris le quatrième, accepté le cinquième et enduré les autres.

Marcel ACHARD, *Turlututu*

*

Nous avons parlé, tout à l'heure, du mariage des femmes qui n'est pas toujours drôle. Mais celui des hommes est encore plus triste encore.

André ROUSSIN, *Un amour qui ne finit pas*

*

Après un certain temps de mariage, on s'aperçoit que l'homme à qui on trouvait de l'esprit ne dit que des bêtises.

Gabriel AROUT, *Laure et les Jacques*

*

Tu as de la chance, tu sais, d'avoir un mari aussi attentif. Il est un peu rustre, pas très cultivé, un peu beauf même, je dirais ! Mais vous allez tellement bien ensemble !

Laurent RUQUIER, *Grosse chaleur*

*

Le paysage conjugal n'est plus supportable au bout de huit années. Et pourtant, je suis plein de recoins, plein d'aperçus inattendus. J'ai des lueurs, par moments, extraordinaires. Il faut me voir au couchant, lorsque le soleil vient se refléter dans mes yeux. Mais Venise, mais Mykonos, pendant huit ans cela vous donne des envies de Tourcoing.

Jean POIRET, *Douce amère*

Quinze ans ce n'est pas forcément un « bon » mariage, c'est un « long » mariage !

Neil SIMON, *Drôle de couple*
(adaptation d'Albert Husson)

*

Évidemment, nous deux, ce n'était plus la passion des débuts… On commençait à s'installer dans une routine de vieux couple... Ça faisait quand même plus de trois semaines qu'on vivait ensemble !

Alain KRIEF, *La Drague*

*

– Depuis combien de temps êtes-vous mariés déjà ?
– Douze ans.
– Douze ans ! Ce n'est plus de l'amour, c'est de la paresse.

Éric-Emmanuel SCHMITT, *Variations énigmatiques*

*

– Combien de temps a duré votre mariage ?
– 5 475 jours.
– C'est-à-dire ?
– Quinze ans ! Quinze ans de bagne avec ma femme comme compagnon de chaîne et ma belle-mère comme garde-chiourme !

Paul-Henri DIPT, *La Reconnaissance*

*

Chambre à part : bourgeoise qui part.

Yves JAMIAQUE, *Acapulco Madame*

*

– Oh dis, eh, vingt ans de bouteille !
– Mais c'est une qualité.
– Pour les vins, pas pour les femmes… Veux-tu que je te dise ? La mienne sent le bouchon.

Georges FEYDEAU, *L'Hôtel du libre échange*

*

On épouse une femme, on s'aperçoit un jour qu'on est le mari d'une autre.

André ROUSSIN, *Un amour qui ne finit pas*

*

J'ai été folle de ce garçon et maintenant je ne peux plus le voir en face. Comme les hommes changent !

Henry BECQUE, *La Navette*

*

Femme du même âge égale naufrage.

Muriel ROBIN et Pierre PALMADE, *Ils se sont aimés*

*

Quelle est la femme qui ne juge pas qu'elle a tout sacrifié à un homme ! Quelque tendresse, quelque fortune qu'il lui ait apportées, elle aurait toujours eu davantage avec un autre homme – et au premier prétexte venu, elle lui reproche le temps qu'elle aura passé avec lui – car elle ne considère jamais que les années de jeunesse d'un homme sont aussi précieuses que les années de jeunesse d'une femme !

Sacha GUITRY, *La Jalousie*

*

On jure toujours qu'il n'y a personne et on quitte toujours pour quelqu'un... Surtout les femmes.

Françoise DORIN, *La Facture*

*

– J'ai besoin de prendre du recul.
– Prendre du recul ? Qu'est-ce que ça veut dire « prendre du recul » ? C'est les sauteurs à la perche qui prennent du recul !

Jean DELL et Gérald SIBLEYRAS,
Un petit jeu sans conséquence

*

– Tu veux qu'on se sépare ?
– Mais non... Mais je me dis qu'un break ça nous ferait du bien.
– Tu veux qu'on change la voiture ?

Éric DELCOURT, *La Sœur du Grec*

*

La situation d'une femme divorcée avec quatre cent mille francs de rente est plus enviable que celle d'une vieille fille sans tache et sans dot.

Alfred POSZANSKI,
La Huitième Femme de Barbe-Bleue

*

– Je le garde, il est à moi.
– C'est sentimental ?
– Certainement pas, c'est juste pour me rappeler les moments où tu te taisais… Les bons souvenirs, quoi !

Xavier DAUGREILH, *Accalmies passagères*

*

Une femme ne quitte en général un homme que pour un autre homme ; tandis qu'un homme peut très bien quitter une femme à cause d'elle.

Sacha GUITRY, *Quadrille*

*

Je suis techniquement plutôt veuve que divorcée : mon mari est mort pendant la procédure !

Neil SIMON, *Drôle de couple*
(adaptation d'Albert Husson)

*

Pour rien au monde, je ne voudrais les faire divorcer. Ce n'est pas parce qu'on saute de temps en temps dans un taxi, qu'on doit larguer sa voiture !

John CHAPMAN et Dave FREEMAN,
Une clef pour deux
(adaptation de Pol Quentin)

*

On dit Landru, Landru, Landru... N'empêche qu'avec son truc de la cuisinière, il avait trouvé la solution !

Robert LAMOUREUX, *Le Tombeur*

CIEL, MON MARI !

Mon corps n'en fait qu'à sa tête.

Marcel ACHARD, *L'Idiote*

*

Si je suis une honnête femme, ce n'est ni par principe ni par vertu. C'est parce que j'ai épousé l'homme que j'aime... Un hasard. Je n'ai pas à en être fière, allez. Qu'est-ce qu'une honnête femme ? C'est une femme qui a eu de la chance.

Robert DE FLERS et Gaston ARMAN DE CAILLAVET,
Le Bois sacré

*

Il y a des femmes qui sont vertueuses naturellement et d'autres qui ne le deviennent qu'après avoir commis toutes les fautes.

Alfred CAPUS, *Les Maris de Léontine*

*

Si vertueuse que soit la femme, sachez que c'est sur sa vertu qu'un compliment lui fait le moins de plaisir.

Robert DE FLERS et Gaston ARMAN DE CAILLAVET,
L'amour veille

*

J'ai eu un homme jaloux dans ma vie, c'était horrible ! Il me faisait des scènes chaque fois qu'il trouvait un cheveu sur ma robe !... Faut dire qu'il était chauve.

Françoise DORIN, *La Facture*

Oh, la vertu ! Je vais te dire, la vertu, ça me fait l'effet de la Bretagne : c'est beau mais c'est triste.

Robert DE FLERS et Gaston ARMAN DE CAILLAVET, *Les Sentiers de la vertu*

*

La vertu doit être modeste et briller dans l'ombre.

Marcel AYMÉ, *Vogue la galère*

*

Je ne suis pas de celles qui s'allongent quand on leur demande de s'asseoir.

Josiane BALASKO, *Nuit d'ivresse*

*

Un mari, si subtil qu'il soit, ne découvrira pas l'astuce de sa femme, si sotte soit-elle.

Fernand CROMMELYNCK, *Le Cocu magnifique*

*

– Je pense que vous êtes fiancée.
– La mobilisation n'est pas la guerre.

Alistair FOOT et Anthony MARRIOTT, *Cash-cash* (adaptation d'Albert Husson)

*

Je suis prête à aller très loin… Mais pas plus !

Ray COONEY, *Le Vison voyageur*
(adaptation de Jean-Loup Dabadie)

Je ne peux décemment pas consentir aussi facilement. Essayez de me prendre dans vos bras et, si je ne me débats pas outre mesure, cela voudra dire que je n'y suis pas complètement opposée.

Claude MAGNIER, *Léon ou la Bonne Formule*

*

Il y a des quantités de femmes fidèles, uniquement par manque d'occasions.

Marc CAMOLETTI, *Sexe et jalousie*

*

Les putains sont putains avec l'envie d'être bourgeoises et les bourgeoises sont bourgeoises avec l'envie d'être putains.

Thierry MAULNIER, *Le Sexe et le Néant*

*

Un homme que l'on ne connaît que depuis trois mois a de considérables avantages sur un homme qu'on connaît depuis dix ans.

William SOMERSET MAUGHAM, *Caroline*
(adaptation de Pol Quentin)

*

Les femmes, c'est comme les photographies : il y a un imbécile qui conserve précieusement le cliché pendant que les gens d'esprit se partagent les épreuves.

Henry BECQUE, *L'Enfant prodigue*

*

– Vous, vous êtes en habit et moi je suis en chemise. Eh bien…
– Eh bien ?
– Eh bien ça me gêne.
– Elle vous gêne ? Eh bien enlevez-la !

Georges FEYDEAU, *La main passe*

*

– Je ne vous laisserai pas dans un local clos avec elle tant qu'elle est dans cette tenue.
– Promis : je lui demanderai de l'enlever.

Alistair FOOT et Anthony MARRIOTT, *Cash-cash*
(adaptation d'Albert Husson)

*

– Quand as-tu commencé à avoir des doutes à mon sujet ?
– La première fois que je t'ai vue !

William-Douglas HOME, *Le Canard à l'orange*
(adaptation de Marc-Gilbert Sauvajon)

*

– Ma femme (...) après deux mois de mariage, m'a trompé... Ça a été un grand scandale : son amant a reçu deux balles dans la tête.
– Vous l'avez... ?
– Non, pas moi, je n'étais au courant de rien. Il a été tué par un autre amant de ma femme, un homme violent qui ne badinait pas... Il avait été mis au courant par un troisième...

Tristan BERNARD, *Le Captif*

*

Pour te mentir bien... enfin sans que tu t'en aperçoives... il aurait fallu que j'aie le temps de me préparer... enfin que j'aie le temps de prévoir... Mais cette attaque surprise, comme ça, n'est-ce pas, ça m'a surpris !

Marc CAMOLETTI, *L'Amour-propre*

*

Comme une femme ment mal quand on sait qu'elle ment.

Robert DE FLERS et Francis DE CROISSET,
Les Nouveaux Messieurs

*

Il est bien difficile de croire quelqu'un lorsqu'on sait que l'on mentirait à sa place.

Marcel ACHARD, *Turlututu*

*

– Mais enfin, bon Dieu, qu'est-ce qu'il a de plus que moi, ce type ?
– Onze ans de moins !

William-Douglas HOME, *Le Canard à l'orange*
(adaptation de Marc-Gilbert Sauvajon)

*

Quand une femme a une profession, elle n'a pas besoin d'un mari ; un amant suffit.

Alfred CAPUS, *Les Passagères*

*

Pour un mari que l'on quitte deux fois il n'y a pas de honte. Ça devient chronique : il est seulement ridicule.

André ROUSSIN et Madeleine GRAY,
Hélène ou la Joie de vivre

*

Quand une femme a un mari qui lui plaît et que, par quelque perversion cérébrale, elle prend un amant, il faut que ce dernier soit gai, car, autrement, ce n'est plus le mari qui est ridicule.

Françoise SAGAN, *Château en Suède*

*

Ça doit être très humiliant pour une femme d'être mariée à un cocu.

William-Douglas HOME *Le Canard à l'orange*
(adaptation de Marc-Gilbert Sauvajon)

Madame, l'absence d'un mari est le plus beau cortège d'une femme.

Eugène LABICHE, *Le Misanthrope et l'Auvergnat*

*

Les maris des femmes qui nous plaisent sont toujours des imbéciles.

Georges FEYDEAU, *Le Dindon*

*

Quand une femme vous trompe, on est ridicule si on l'ignore, complaisant si on le sait et névrosé si on en souffre.

Françoise SAGAN, *La Robe mauve de Valentine*

*

Quel dommage qu'on ne puisse pas avoir un amant sans tromper son mari.

Georges FEYDEAU, *La main passe*

*

Je l'ai trompé tout le temps. Mais je ne l'ai jamais fait cocu. C'est une question de style.

Jean ANOUILH, *Cher Antoine*

*

Je t'assure qu'il est amoureux de toi ! (...) Même en me faisant l'amour, il n'arrêtait pas de parler de toi !

Gérard LAUZIER, *Le Garçon d'appartement*

*

Si les maris pouvaient laisser leurs femmes avoir un ou deux amants pour leur permettre de comparer, il y aurait beaucoup plus de femmes fidèles.

Georges FEYDEAU, *La main passe*

*

– Il vaut mieux être cocu que sénateur !
– Pourquoi ?
– On n'est pas obligé d'assister aux séances.

André MOUEZY-EON, *Les Dégourdis de la 11e*
(adaptation de Jacques Rosny et Annick Alane)

*

Il paraît que le fondateur de ma famille, c'était un Turc. Et vous devez savoir qu'en Turquie il n'y a pas de cocu. Il n'y a que des veufs. Si elle me trompe, je ne sais pas ce que je ferai, je vous le dis franchement.

Marcel PAGNOL, *Fanny*

*

C'est comme tout d'être cocu, c'est difficile. C'est pas donné à tout le monde, cela s'apprend.

Jean ANOUILH, *Colombe*

*

À Paris, il n'y a pas que le Ritz ! J'ai beaucoup mieux : un petit endroit intime, propre, à la campagne... L'Atlas Hôtel à Nanterre ! Et j'offre le champagne !

Michel PERTWEE, *Le Diamant rose*
(adaptation de Pierre Laville)

*

– Lorsqu'un homme de votre monde arrache une femme à son mari (...) et lui donne rendez-vous dans une gare afin de s'enfuir pour la vie, il est là ! Et s'il n'y est pas c'est qu'il est mort !
– Laissez-moi vous expliquer...
– Rien du tout ! (...) Êtes-vous mort ?
– Non.
– Alors toutes les excuses que vous inventerez seront vaines et fumeuses.

Louis VERNEUIL, *Le Train pour Venise*

*

– Il paraît que vous faites la cour à ma femme.
– Qui est-ce qui vous a dit ça ?
– C'est elle !
– Elle est bête... Ça ne vous regardait pas ! C'est une affaire entre nous deux, vous n'avez pas à entrer dans ces histoires.

Louis VERNEUIL, *Pour avoir Adrienne*

Que le mari se mette un peu à la place de l'amant... puisque l'amant se met bien à la place du mari !

Sacha GUITRY, *La Jalousie*

*

D'habitude une femme évite de parler de son amant à son mari ! C'est l'inverse qui se fait !

André ROUSSIN, *La Petite Hutte*

*

– Tu l'as trompé souvent ?
– Euh... Attends...
– Attends quoi ?
– Attends que je compte !

Françoise SAGAN, *La Robe mauve de Valentine*

*

Le mariage n'est-il pas l'union de deux cœurs qui s'aiment ? Eh bien, alors, le vrai mari c'est l'amant. L'époux n'est que le mari que la société vous donne, tandis que l'amant c'est le mari que le cœur choisit !

Georges FEYDEAU, *Monsieur chasse !*

*

– On devrait interdire d'être aussi musclé !
– Il a été champion au lancer de poids, à la lutte gréco-romaine, en haltérophilie et dans une demi-douzaine de broutilles que j'ai oubliées.

– Vous ne pouviez pas épouser un champion d'échecs ?

Paul-Henri DIPT, *Conduite accompagnée*

*

Si elles n'ont pas besoin d'argent, les femmes qui partent ne reviennent pas.

André ROUSSIN, *Bobosse*

*

Un psychiatre ou un amant, ça se ressemble : c'est toujours un type qui vous écoute parler mais qui n'en a rien à foutre.

Pierre SAUVIL, *La Surprise*

*

Jeune, je me suis d'ailleurs rapidement spécialisé dans la femme mariée, histoire d'être tranquille : l'adultère protège des sentiments.

Éric-Emmanuel SCHMITT, *Variations énigmatiques*

*

Elle a quelqu'un, « Machine ». Elle s'est jetée dans ses bras velus en sortant des miens... Elle dit qu'elle est enceinte d'une demi-heure.

Ray COONEY, *Double mixte*
(adaptation de Jean-Loup Dabadie)

*

Eh bien vous, on pourra tout vous reprocher sauf de manquer de toupet ! Vous me demandez froidement la main de ma femme !

Marc CAMOLETTI, *L'Amour-propre*

*

Il est entré ici comme chez lui, il se plante devant moi en souriant, poliment, comme s'il allait me demander du feu et ce qu'il me demande c'est d'épouser ma femme. Tu te rends compte ? Épouser ma femme !

Alan AYCKBOURN, *Pantoufle*
(adaptation d'Éric Kahane)

*

– Vous ne pouvez pas épouser ma femme, voyons.
– Pourquoi ?
– Parce qu'elle est mariée !

Marc CAMOLETTI, *L'Amour-propre*

*

Il y a des hommes qui sont des amants et d'autres qui sont des maris.

Louis VERNEUIL, *Ma cousine de Varsovie*

*

Non seulement vous me prenez ma femme mais vous me prenez ses revenus avec !

Marc CAMOLETTI, *L'Amour-propre*

*

Une question, une seule : il y a combien de cocus ici ?

Jean BARBIER, *Une journée pas comme les autres*

NUIT D'IVRESSE

Les bons ménages ne sont pas ceux où les époux ne se trompent pas mais ceux où les époux se trompent en même temps.

Françoise DORIN, *La Facture*

*

L'homme a du mal à se satisfaire du ronron quotidien. (...) Il a besoin de changements et d'espaces à conquérir, l'homme ! C'est dans sa nature. La femme, par contre, est différente. Elle n'a pas les mêmes besoins physiques et psychiques.

Alain KRIEF, *La Drague*

*

On ne peut pas, à Paris, conserver une maîtresse un peu convenable... Non, ce n'est pas possible : plus elle est convenable et moins on la conserve.

Henry BECQUE, *La Parisienne*

*

C'est une cousine d'une tante à ma sœur qui est une amie de maman.

Robert LAMOUREUX, *Le Tombeur*

*

Vous me plaisez beaucoup. Je suis à un moment de ma vie où j'ai besoin d'une maîtresse. Ça complétera ma situation, ça embêtera mes voisins, ça me donnera du poids dans mon propre groupe et ça

– Tu sais très bien qu'il ne s'est rien passé !
– Je suis revenue trop tôt ?

Jean POIRET, *Joyeuses Pâques*

me permettra de prendre la parole sur le budget des Beaux-Arts.

Robert DE FLERS et Gaston ARMAN DE CAILLAVET, *Le Roi*

*

– Il est fidèle, je le serai aussi ! Je ne sors pas de là.
– Mais, bon Dieu ! ayez donc un peu d'initiative ! (…) Agissez la première, que diable !

Louis VERNEUIL, *Pour avoir Adrienne*

*

– Hier, nous avons été dîner au restaurant. Le garçon t'a appelé monsieur André. Quelle honte ! Il t'a vu avec des femmes… il a peut-être cru que j'étais ta maîtresse.
– Mais non, il a très bien compris que nous étions mariés.
– Pourquoi ?
– Mais parce que j'ai vérifié l'addition.

Robert DE FLERS et Gaston ARMAN DE CAILLAVET, *L'amour veille*

*

J'ai fermé les yeux sur tout ; j'ai tout encaissé. Je me disais : quand il aura ratissé toute la région, il finira bien par se calmer !

Pierre BARILLET et Jean-Pierre GRÉDY, *Potiche*

*

– N'avez-vous jamais été ému en abandonnant une maîtresse assommante ?
– Non, c'est toujours moi qui les assomme le premier !

Peter USTINOV, *L'Amour des quatre colonels*
(adaptation de Marc-Gilbert Sauvajon)

*

Vergy, je t'ai pris ta femme, je te prends ta maîtresse. Si je ne suis pas l'homme d'une seule femme, je suis celui d'un seul mari.

Robert DE FLERS et Gaston ARMAN DE CAILLAVET,
Le Sire de Vergy

*

Écoute-moi bien : si jamais ta femme va répéter quoi que ce soit à Corinne, j'engage une strip-teaseuse et je la lâche à poil au dessert dans ton salon le jour de l'anniversaire de ton mariage !

Jacques VILFRID, *SOS homme seul*

*

Les vaudevillistes ne savent pas quel tort ils ont fait aux ménages en présentant l'adultère comme une perpétuelle rigolade !

Robert ROCCA, *Un certain monsieur Blot*
(d'après Pierre Daninos)

LA PAIX CHEZ SOI

– Si tu les aimes, pourquoi n'as-tu pas d'enfants avec Jimmy ?
– Impossible, Jimmy ne me quitte jamais !

Alfred SAVOIR, *La Voie lactée*

*

– Il paraît que ces mélanges de sang donnent les enfants plus forts et plus beaux.
– Dans notre famille, monsieur, on s'arrangeait pour réussir nos enfants sans se faire aider par des étrangers.

Léonard SPIGELGLASS, *Le Pont japonais*
(adaptation de Pierre Barillet et Jean-Pierre Grédy)

*

Mon père était brigadier, ma mère était consentante.

René DE OBALDIA, *Le Satyre de La Villette*

*

Ma sœur ne méritait pas mieux que d'avoir ma mère pour mère.

Nicolas BEDOS, *Sortie de scène*

*

– Mon mari, ce n'est pas le besoin de m'étreindre qui lui donnera des lumbagos ! (...)
– Et vous n'avez jamais eu d'enfants ?
– Comment veux-tu ? Je ne sors jamais !

Tristan BERNARD, *La Petite Femme de Loth*

– Il est magnifique : des muscles, du thorax... Tout son père ! Regardez cette photo.
– Il est affreux !

Jean DE LÉTRAZ, *Bichon*

*

– Jamais je ne dirai que j'ai été orphelin !
– Et pourquoi ?
– Pensez à la tête de mon père et de ma mère quand ils apprendront que je suis orphelin !

Raymond CASTANS, *Auguste*

*

– Je suis un enfant trouvé.
– Et tu n'as pas fondé une [famille] toi-même ?... Tu ne t'es jamais marié ?
– Non, Ménélas. Pourquoi me regardez-vous ainsi ?
– Je regarde le visage d'un homme qui a dû être heureux.

André ROUSSIN et Madeleine GRAY,
Hélène ou la Joie de vivre

*

– Il a fallu que j'attende l'âge de trente-deux ans pour que mon père me donne son dernier coup de pied au derrière. Voilà ce que c'était que la famille

Ma mère était lyonnaise, mon père était anglais. Disons que je suis métisse.

Chris COLUMBUS et Jaja FIASTRI,
Madame Doubtfire
(adaptation d'Albert Algoud)

de mon temps. Et il y avait du respect et de la tendresse.
– À coups de pied au cul.

Marcel PAGNOL, *Marius*

*

Comme je t'ai mal élevé dans le fond ! Je t'ai fait peur... et pour pas que tu sois malheureux, j'ai failli t'empêcher d'être heureux... Ton bonheur dépendait de toi seul !... Comme nous sommes prétentieux avec nos enfants... Nous leur donnons la vie... et nous voudrions faire mieux, comme si c'était possible ! Tu verras avec ton fils...

Sacha GUITRY, *Mon père avait raison*

*

Quand on doit diriger des enfants ou des hommes, il faut de temps en temps commettre une belle injustice bien nette, bien criante : c'est ça qui leur en impose le plus !

Marcel PAGNOL, *Topaze*

*

Il n'y a que les enfants, aujourd'hui, qui disent quelque chose de vrai. Surtout quand ils mentent.

René DE OBALDIA, *Le Satyre de La Villette*

*

– Germaine, j'ai à te parler ! Ta fille a un amant !
– Moi aussi !
– Quoi ?
– Moi aussi, j'ai à te parler…

Claude MAGNIER, *Oscar*

*

Monsieur, dans votre famille, on fout le camp ; dans la mienne, on prend congé.

Marcel PAGNOL, *Topaze*

*

On va te faire ton éducation de bonhomme ! Prends ta biscotte. *(Albin veut prendre la biscotte de façon virile et la casse. Georges en reçoit les éclats.)* N'essaie pas de me blesser avec une biscotte ! Pour toucher l'assurance-vie ! Tu crois que je ne vois pas ton manège ? Le crime parfait, une biscotte en pleine tête, on n'en parle plus. Assassine !

Jean POIRET, *La Cage aux folles*

*

– Je lui ai fait croire que j'étais votre fille.
– Ce n'est pas bien grave.
– Il croit que vous êtes mon père.
– Forcément, si vous lui avez dit que vous étiez ma fille.

Claude MAGNIER, *Oscar*

*

– Cet enfant, (...) j'en ai envie.
– Allons bon, voilà autre chose !... Adoptons-en un ! Il n'est pas trop tard... Un petit Noir... Un petit Asiatique... Un petit Monégasque ! On n'adopte jamais de petit Monégasque, c'est très injuste.

Jean POIRET, *Joyeuses Pâques*

– C'est mon oncle de lait.
– Ton oncle de lait ?
– Autrement dit, c'est sa mère qui a nourri papa. Nous sommes parents par le lait.

Georges FEYDEAU, *Le Dindon*

*

Mais, monsieur, ma mère c'était comme si c'était mon père.

René DE OBALDIA, *Le Satyre de La Villette*

*

– Je constate que ma fille vous embrasse avant moi.
– Avant moi, elle ne vous embrassait pas.

Didier VAN CAUWELAERT, *Le Nègre*

*

Un homme dans la maison c'est comme un chien, un chat : une présence !

Félicien MARCEAU, *Madame Princesse*

*

– Je te l'ai dit dans ma lettre que mes parents, ils étaient vieux, ils étaient fragiles, il fallait les ménager.
– De toute façon, je ne suis pas venu pour leur casser la gueule !

Muriel Robin et Pierre Palmade,
Ils se sont aimés

– C'est agréable un homme dans une maison, c'est une présence.
– Dis donc, si on réfléchit bien : c'est mieux qu'un chien !

Gérard LAUZIER, *Le Garçon d'appartement*

*

Rappelle-toi cette vérité première, ma fille : quoi qu'il arrive, où que ce soit... l'homme dort !

John CHAPMAN et Dave FREEMAN,
Une clef pour deux
(adaptation de Pol Quentin)

*

– Tu as beau avoir deux femmes chez toi, tu ne sais pas leur parler.
– Oui... C'est dommage que, toi qui sais, tu n'en aies pas...

Albert HUSSON, *La Cuisine des anges*

*

– Je ne peux pas balayer la chambre de monsieur.
– Pourquoi ?
– Le chien a mangé le balai.
– Balayez avec le chien.

Thierry MAULNIER, *Le Sexe et le Néant*

*

– Le lit que nous a fait ce décorateur dément t'ôterait tous les moyens.
– Ah bon, qu'est-ce qu'il a ?
– Il est ovale.
– (...) Comment faites-vous pour les draps ?
– On rabat les coins, comme pour les chaussons aux pommes.

Ray COONEY et John CHAPMAN, *Le Saut du lit*
(adaptation de Marcel Mithois)

*

– C'est un vieux serviteur, il a élevé ma femme.
– Il a l'air bien jeune pour avoir élevé votre femme !
– Ah... mais il était lui-même tout petit. Il l'a élevée tout petit. Il est entré ici comme bébé au pair.

Jean POIRET, *La Cage aux folles*

*

Je suis peut-être snob mais pas au point de coucher avec mon chauffeur !

Félicien MARCEAU, *Madame Princesse*

*

– Mais vous écoutez aux portes !
– Même pas !... Je les laisse ouvertes.

Robert LAMOUREUX, *La Soupière*

*

C'est d'être employeur, maintenant, qui est difficile. Avec toutes les vertus qu'on exige des maîtres, la plupart feraient d'excellents domestiques.

Félicien MARCEAU, *L'Ouvre-boîte*

*

Mais personne, soi-disant, ne me demande jamais rien pour son compte personnel. (...) Toi, tu demandes pour Paul ; Paul demande pour toi et pour ma mère ; et ma mère demande pour toi, pour Paul, pour Béatrice et pour ses amis. Mais pourquoi iriez-vous demander quelque chose pour vous puisque vous savez très bien que quelqu'un se chargera de le faire à votre place ?

Françoise DORIN, *Un sale égoïste*

*

Les hommes, c'est comme les grille-pain électriques : quand ils sont détraqués, vaut mieux les jeter et en acheter des neufs.

John CHAPMAN et Dave FREEMAN,
Une clef pour deux
(adaptation de Pol Quentin)

L'ÂGE EN QUESTION

Ne vous excusez pas. Ne plus avoir vingt ans, ce n'est pas une infirmité.

Pierre BARILLET et Jean-Pierre GRÉDY,
Fleur de cactus

*

– Elle est évidemment bien jeune.
– C'est un beau défaut.

Sacha GUITRY, *Le Comédien*

*

Ce n'est pas un titre d'être jeune !

Jean ANOUILH, *Ornifle ou le Courant d'air*

*

Je ne sais pas ce que c'est que la jeunesse. C'est une maladie très courte.

Jean ANOUILH, *Cher Antoine*

*

– C'est qu'il va sur ses dix-huit ans...
– Il y va comment ? À pied, à cheval ou en patins à roulettes ?

Boris VIAN, *Les Bâtisseurs d'empire*

*

Je n'ai pas un jour de plus de trente-neuf ans ! Bien sûr, j'ai une fille de vingt-huit ans. Qu'est-ce que cela prouve ? C'est monnaie courante aux Indes !

Jérôme KILTY et George Bernard SHAW,
Cher menteur (texte français de Jean Cocteau)

J'ai eu vingt-cinq ans ! Oui, parbleu ! Seulement, le jour où je les eus, je me suis dit à moi-même : « Bel âge ! Tenons-nous-y ! » Je m'y suis donc tenu, je continue à m'y tenir et je m'y tiendrai jusqu'à ce que mort s'ensuive.

Georges COURTELINE, *Le commissaire est bon enfant*

*

– J'ai vingt-huit ans !
– Tu as bien raison.

Maria PACÔME, *Les Seins de Lola*

*

– Voyez-vous, Tristan, plus je l'observe, plus cette nouvelle génération me surprend. La conversation que nous venons d'entendre est dénuée de tout sens logique.
– Comme dirait Jean-Jacques Rousseau : « L'éducation négative n'inculque pas la vérité mais elle protège de l'erreur. »
– Je ne saisis pas le rapport, en tout cas c'est tout à fait exact.

Claude MAGNIER, *Léon ou la Bonne Formule*

*

– J'ai de beaux restes ?
– Très beaux... Dommage qu'il y en ait si peu.

Marcel ACHARD, *Noix de coco*

– Elle s'est confiée à moi comme à une maman. Quoique je n'aie pas l'âge d'être sa mère.
– Comment ?... Comment tu n'as pas l'âge ?... Ton fils est plus vieux qu'elle !
– Oui, mais c'est un garçon.

Jean MARSAN et Roger DORNES,
Interdit au public

*

L'âge fortifie la jeunesse... C'est l'intérêt de vieillir.

Yves JAMIAQUE, *Acapulco Madame*

*

Je n'arrive pas à vieillir... Ça commence à m'inquiéter. Je fais des efforts pourtant ! (...) Et puis non, le goût m'a passé.

Jan DE HARTOG, *Le Ciel de lit*
(adaptation de Colette)

*

– Qu'est-ce qui vous ferait plaisir pour votre anniversaire, Antoine ?
– Un an de moins.

Jean ANOUILH, *Cher Antoine*

*

C'est magnifique quand on a vingt ans d'avoir le même âge ! Plus tard, tu verras la différence qu'il y a entre un homme et une femme de cinquante ans !

Sacha GUITRY, *Mon père avait raison*

Il y a trente-cinq ans qu'on me répète à propos de tout : vous verrez, vous verrez... Je n'ai rien vu !

Jean COCTEAU, *Les Monstres sacrés*

*

À partir de quarante ans, on ne fait que survivre... Nous ne sommes que nos propres fantômes...

Henri JEANSON, *Toi que j'ai tant aimée*

*

– Toi, tu mets un point d'honneur à ne pas être dans le vent !
– J'ai peur de m'enrhumer.

Jean ANOUILH, *Les Poissons rouges*

*

– Je suis veuf depuis des années... Vous pensez que je suis trop vieux ?
– Avec votre fortune et votre titre, un homme n'est jamais vieux, duc.

Jean-Claude BRISVILLE, *Le Souper*

*

Tu vois bien que tes premières rides s'accrochent...
Tu vois bien que tes yeux gardent leurs bagages...

Christine ANGLIO, Juliette ARNAUD
et Corinne PUGET, *Arrête de pleurer Pénélope !*

*

À notre âge, il n'est pas question de plaire aux femmes. Il est question que les femmes nous plaisent.

Jules ROMAINS,
Monsieur Le Trouhadec saisi par la débauche

*

– Regarde Pussy qui s'est remariée à soixante ans, elle n'a jamais fait aussi jeune.
– Pussy, ma chérie, il y a longtemps que ce n'est plus une femme, voyons. C'est une reconstitution. Elle a fait travailler au moins trente corps de métier sur le sien. Ce n'est pas le mariage qui l'a rajeunie, c'est la science appliquée.

Marcel MITHOIS, *Croque-monsieur*

*

Comment savoir tout sans vieillir ?

Fernand CROMMELYNCK, *Le Cocu magnifique*

*

Dites que notre génération est démodée, arriérée, routinière, pas dans le train, mais c'est une vieille coutume, dans notre région, de ne pas tuer les vieillards. L'usage est qu'on les laisse vieillir jusqu'au bout.

Armand SALACROU, *L'Archipel Lenoir*

*

– Et quel effet ça fait d'avoir soixante-dix ans (...) ?
– On regarde les menuisiers avec moins de sympathie.

Bertrand BLIER, *Les Côtelettes*

LE NOIR TE VA SI BIEN

– « *Ami, crois-moi, la vie est bien une chimère,*
Aussi quand je te vois gai, malgré tout cela,
Je me dis : « Le cher homme est heureux et prospère !
Il ne pense donc pas qu'un jour son tour viendra ! »
– Hein ? Eh bien, dis donc, tu es gai, toi !
– « *Et c'est pour moi dès lors une tristesse amère*
Qui me crispe, à penser que tout être s'en va !
Je ne puis plus te voir sans me dire : « Misère,
Où serai-je, moi, quand il ne sera plus là ! »
– Ah ! mais dis donc, tu m'embêtes, tu sais, tu m'embêtes avec tes navrances.
– *Non...*
– Si !
– *Non...*
– Je te dis que si !
– *Non... C'est le commencement du vers !*
« *Non, je ne puis pas croire à la vie éternelle,*
Je rêve d'une autre vie et plus douce et plus belle
Qui nous attend après dans un monde plus beau. »
– Dis donc, il y en a long comme ça ?

Georges FEYDEAU, *Monsieur chasse !*

*

Mourir, ce n'est rien. Commence donc par vivre.
C'est moins drôle et c'est plus long.

Jean ANOUILH, *Roméo et Jeannette*

*

– Il convient de faire votre testament.
– Je l'ai fait.
– Quand ça ?
– Quand j'étais petit. Quand j'étais tout petit. Parce que j'ai pensé que plus tard ça me ferait de la peine.

Robert DE FLERS et Gaston ARMAN DE CAILLAVET, *Le Sire de Vergy*

*

Croyez-moi, on a presque toujours quelque chose de mieux à faire que de mourir.

Jean ANOUILH, *La Foire d'empoigne*

*

– Ce monsieur est mort parce qu'il avait bu du vin. Et dans ce vin, il y avait du poison. Voilà.
– Mais pourquoi ce vin contenait-il du poison ?
– Parce que nous en avions mis, voyons !

Joseph KESSELRING, *Arsenic et vieilles dentelles* (adaptation de Pierre Brive)

*

– Je voudrais savoir, exactement, à quel âge est mort Mathusalem.
– Eh bien Mathusalem, les Septante l'affirment, est mort à neuf cent soixante-neuf ans.

J'ai été à la morgue. On m'a dit qu'on n'y avait pas encore vu monsieur. Mais on m'a dit qu'il ne fallait pas désespérer, qu'il était encore de bonne heure. Alors j'ai laissé le signalement de monsieur : taille ordinaire, nez moyen, parlant couramment le français, l'anglais et l'espagnol.

Georges FEYDEAU, *La main passe*

– Le veinard ! Et sait-on de quoi ?
– Tout porte à croire que ce soit de vieillesse.

Robert DE FLERS et Francis DE CROISSET,
Le Docteur Miracle

*

– Ils sont morts comment ?
– Papa était en haut d'une échelle, maman était en dessous... Il est tombé... Ils sont morts sur le coup.
– Ah mais ce que c'est con comme mort !

Pierre PALMADE et Dominique LAVANANT,
Ma sœur est un chic type

*

Elle est morte il y a deux mois dans des circonstances particulièrement tragiques : elle devait mettre un suppositoire à un éléphant et l'animal s'est assis sur elle...

Paul-Henri DIPT, *Conduite accompagnée*

*

– Mes parents sont morts très jeunes... Ils ont péri en mer...
– Oh !
– Leur bâtiment a fait naufrage...

– Oh !
– Ils étaient sur un pédalo…

Michel ANDRÉ, *La Bonne Planque*

*

– Pourquoi avoir eu le désir de tuer votre femme ?
– Parce qu'elle n'avait pas le sens de l'humour.

Éric NAGGAR, *L'étrangleur s'excite*

*

Elle était en convalescence, après une pneumonie. Elle regardait la télévision, une émission de la BBC. Elle a tellement ri qu'elle en a eu une crise cardiaque… Évidemment, si elle avait pu capter la télévision française, elle serait encore vivante !

Noel COWARD, *Jeux d'esprits*
(adaptation de Jacques Natanson et Virginia Vernon)

*

Claude, ne te demandes-tu pas pourquoi je suis venu ?
Père et mère, nous ne les reverrons plus.
Une mort subite les a fauchés dans l'âge.
Mon Dieu c'est trop horrible… parlons de l'héritage.

Pierre PALMADE et Dominique LAVANANT,
Ma sœur est un chic type

*

Elle a voulu se tuer, mais elle n'est pas morte, c'est ça qui change tout. (...) Elle était une empoisonnée, et ce n'est plus qu'une emmerdeuse.

Sacha GUITRY, *Quadrille*

Le suicide, pour un homme de mon âge, ça ne vaut pas le coup. J'ai déjà fait le plus gros.

Jean CAU, *Pauvre France*

*

Moi, me suicider ?... Ma femme ne me le pardonnerait jamais !

Peter USTINOV, *L'Amour des quatre colonels* (adaptation de Marc-Gilbert Sauvajon)

*

– Je ne plaisante pas ! D'ailleurs, je me suis déjà suicidé.
– Je parie que vous vous êtes raté !
– Mais oui... Comment l'avez-vous su ?

John MURRAY et Allen BORETZ, *Adieu Berthe* (adaptation d'Albert Husson et Francis Blanche)

*

– Enfin quoi, il y a des femmes qui se sont suicidées pour toi. Est-ce vrai ?
– Oh ! Une... Et encore elle va très bien.

Georges FEYDEAU, *La Puce à l'oreille*

*

On devrait mourir une heure par jour, plutôt que tout à la fin.

Jean-Marie GOURIO, *Brèves de comptoir*

Monsieur t'explique qu'en d'autres temps, on retrouvait monsieur Carbille suicidé : cinq balles dans le dos, cinq dans le ventre, cinq dans la tête... le reste dans les meubles.

Robert LAMOUREUX, *Le Charlatan*

*

– Le suicide c'est un crime.
– Un crime ?
– Et le pire de tous puisque c'est le seul dont on ne puisse pas se repentir.

Marcel ACHARD, *Turlututu*

*

– Mais ce serait un crime !
– Oui ! On peut appeler ça comme ça ! Mais, attention, un crime passionnel ! Il y en a un par jour... rien qu'en France !
– Justement, inutile d'en rajouter un de plus !

Marc CAMOLETTI, *Sexe et jalousie*

*

– La mort va mettre une minute pour aller de la main au cœur du bonhomme.
– C'est vrai qu'il n'avait pas le cœur sur la main.

Albert HUSSON, *La Cuisine des anges*

*

– Elle est en deuil.
– En robe rose ?
– Oui, c'est de son mari.

Eugène LABICHE, *Un chapeau de paille d'Italie*

*

Monsieur, soyez mignon... J'ai le cœur fragile... Tuez quelqu'un d'autre ! Moi, je ne pourrai pas le supporter !

Michel ANDRÉ, *La Bonne Planque*

*

– On a assassiné votre mari !
– Robert ?... Mais ce n'est pas possible !
– Qu'est-ce que vous pariez ?

Robert THOMAS, *La Perruche et le Poulet*

*

Si tous les hommes étaient gynécologues, il y aurait beaucoup moins de crimes passionnels.

Jean ANOUILH, *Les Poissons rouges*

*

Nul ne saura, vivant, ce que femme peut. (...) On meurt et c'est après qu'elles nous assassinent.

André ROUSSIN, *Les Glorieuses*

*

Johnny, si nous mourons, je n'y survivrai pas.

René DE OBALDIA,
Du vent dans les branches de sassafras

*

L'idéal ce serait de mourir tous les jours : on n'aurait que des amis !

Françoise DORIN, *Si t'es beau, t'es con*

*

On dira ce qu'on voudra : ça unit drôlement de mourir ensemble.

Marcel ACHARD, *Turlututu*

*

La mort d'un homme a tout juste l'importance que lui accordent ceux qui restent.

Marcel AYMÉ, *Vogue la galère*

*

Avec le gilet pare-balles,
On évite la pierre tombale !

Saul O'HARA, *Le noir te va si bien*
(adaptation de Jean Marsan)

N'ÉCOUTEZ PAS, MESDAMES

Pourquoi voulez-vous à tout prix que je sois « gai » ?... Je me demande pourquoi vous attachez tant d'importance à ces choses-là... Il est toujours question d'être « gai », ou souriant, ou « en pleine forme », c'est une obsession ?... Je n'ai pas appris de bonne nouvelle, je n'ai pas gagné au Loto, je n'ai rien à vendre à personne, je n'ai aucune raison d'être particulièrement « gai »... Je suis un être humain, pas un animateur !!... Il n'y a qu'à la télévision qu'on voit les gens éclater de rire à longueur de temps comme des crétins...

Agnès JAOUI et Jean-Pierre BACRI,
Cuisine et dépendances

*

– Ne m'en parlez pas... C'est un acariâtre... Il est grognon, maussade, sournois, jaloux... et sa femme donc !... Je n'aime pas dire du mal des maîtres...
– Oh, non...
– Une chipie, une bégueule qui ne vaut pas mieux qu'une autre.

Eugène LABICHE, *Un chapeau de paille d'Italie*

*

– Il n'a pas l'air idiot.
– Je ne sais pas s'il en l'air, mais il n'a pas non plus l'air traversé par les idées !

André ROUSSIN, *La Petite Hutte*

*

Il faut bien qu'une femme abandonnée se trouve une petite occupation. Il y en a qui se consacrent aux bonnes œuvres ou à la tapisserie, moi je me suis mise à la méchanceté.

Jean ANOUILH, *Cher Antoine*

Pour un homme intelligent, vous n'êtes pas si bête que ça.

Tristan BERNARD, *Le Petit Café*

*

Écoutez, Thérèse, je n'aime pas dire du mal des gens mais, effectivement, il est gentil.

Josiane BALASKO, Marie-Anne CHAZEL,
Christian CLAVIER, Gérard JUGNOT,
Thierry LHERMITTE, Bruno MOYNOT,
Le Père Noël est une ordure

*

Vous êtes une bonne fille, Capulat, mais – je ne vous apprends rien – vous êtes laide. Quand on est laid, on n'a jamais vingt ans.

Jean ANOUILH, *L'Invitation au château*

*

Mais t'as encore grossi. T'es toute boudinée. On dirait une andouillette de Nevers prête à éclater dans la poêle !

Michel LENGLINEY, *État critique*

*

Il nous faut un type comme vous au *Herald* !... Une clameur !... Un gond !.. Voilà ce que vous êtes : un vrai gond !

Ben HECHT et Charles MAC ARTHUR,
Spéciale dernière (adaptation de Jacques Deval)

*

J'ai la tête d'une passagère qu'on vient de réveiller pour l'avertir que le bateau fait naufrage.

Neil SIMON, *Pieds nus dans le parc*
(adaptation d'André Roussin)

*

Ne prenez pas cet air de martyr, cela étire la commissure de vos lèvres vers le bas. On dirait un vieux dromadaire.

Noel COWARD, *Poste restante*
(adaptation de Stéphane Laporte)

*

Il s'enferme dans les cabinets pendant des fois deux et trois heures pour déclamer tout haut contre la société, hurler que l'univers entier a une araignée au plafond, une punaise dans le bois de lit et un rat dans la contrebasse !

Georges COURTELINE,
Le commissaire est bon enfant

*

Quand on fera danser les couillons, tu ne seras pas à l'orchestre !

Marcel Pagnol, *Marius*

Cette tarte me rendait maussade, je lui dis à la pâtissière... C'est fou comme elle est ridée cette femme-là... On dirait un millefeuille !

Maria PACÔME, *Les Seins de Lola*

*

Vous m'avez trompé, monsieur Cooper. Trompé, berné, abusé : quand on a l'air d'une saucisse, on a la politesse d'en être une !

Alistair FOOT et Anthony MARRIOTT, *Cash-cash*
(adaptation d'Albert Husson)

*

Le jour où les emmerdeurs auront leur monument, il faudra t'ériger une tour Eiffel !

Paul-Henri DIPT, *La Reconnaissance*

*

Freddy le Passeur, y a pas plus vicieux : il flinguerait un bébé pour lui prendre sa sucette.

Jacques DEVAL, *La Vénus de Milo*

*

– Mettez-vous dans la pièce à côté, comme ça, ça fait bien propre.
– Merci, c'est aimable !

Dany BOON, *La Vie de chantier*

*

– Il faut que je réfléchisse.
– Si vraiment vous y parvenez, ce serait mieux.

Françoise SAGAN, *Château en Suède*

C'est quoi ton parfum ? Canard-WC ?

Chris COLUMBUS et Jaja FIASTRI, *Madame Doubtfire* (adaptation d'Albert Algoud)

*

– Je suis l'une de vos admiratrices. Et ce depuis la première heure.
– Ah… Vous êtes encore plus vieille que je ne pensais.

Nicolas BEDOS, *Sortie de scène*

*

– Tu as un petit air ironique, je sais exactement ce que tu penses.
– Tu as de la chance parce que, là, je ne suis pas du tout sûr de penser grand-chose !

Fabrice ROGER-LACAN, *Cravate Club*

*

Gros homme, si tu joues,
Je vais être obligé de te fesser les joues !

Edmond ROSTAND, *Cyrano de Bergerac*

*

Ma tête, quand on la gonfle, elle donne des coups de boule.

Françoise DORIN, *Soins intensifs*

*

J'espère que ta pauvre tête va éclater, que ta cervelle va dégouliner sur le parquet, que tu vas glisser dessus et te casser la gueule.

Terence FRISBY, *Une fille dans ma soupe* (adaptation de Marcel Moussy)

*

Si Barbara me voit dans le journal avec Marylou, elle m'enlève un œil avec une fourchette à huîtres... À part ça, la vie continue.

Ray COONEY, *Double mixte* (adaptation de Jean-Loup Dabadie)

*

Il vous dit que vous êtes un sac à foutre et qu'il vous marche dedans ; ça porte bonheur !

Josiane BALASKO, *Nuit d'ivresse*

*

Si je reviens un jour à Chicago, prépare ton caleçon en zinc avant que je te botte le cul jusqu'à l'estomac !

Ben HECHT et Charles MAC ARTHUR, *Spéciale dernière* (adaptation de Jacques Deval)

*

Moi qui voulais enterrer la hache de guerre, je vais te la déterrer vite fait ; je vais décapiter tout le monde !

Muriel ROBIN et Pierre PALMADE, *Ils se sont aimés*

*

Que Montfleury s'en aille,
Ou bien je l'essorille et le désentripaille !

Edmond ROSTAND, *Cyrano de Bergerac*

*

– Vous n'avez jamais entendu parler de Toto d'Arche et de Lolotte Charançon ?
– Lolotte Charançon ? Ce n'est pas une jeune femme blonde ?
– Non, c'est son cousin.

Édouard BOURDET, *La Fleur des pois*

*

Monsieur et madame J. Bosco sont un jeune et joli couple dont il se trouve que les deux éléments appartiennent au même sexe ; mais nul ne peut dire lequel.

Neil SIMON, *Pieds nus dans le parc*
(adaptation d'André Roussin)

*

– Ils sont très souvent ensemble !
– Oui, madame, mais jamais seuls. Madame Philippe est toujours très entourée, elle se plaît dans la société des jeunes gens. Monsieur Gordon aussi. C'est pour ça.

Édouard BOURDET, *Le Sexe faible*

*

– Parce que si je n'exhibe pas la femme de ma vie je suis à deux doigts de passer pour un pédé ?
– Non : pas à deux doigts ! Beaucoup plus...

Laurent BAFFIE, *Sexe, magouilles et culture générale*

*

Nous sommes tous les trois assis sans mot dire les uns en face des autres. C'est comme un bridge où il n'y aurait que des morts.

Marcel ACHARD, *Domino*

*

Je ne sais pas en quoi le fait d'être les enfants de ma sœur leur conférerait obligatoirement de l'intérêt à mes yeux ; même si je trouvais de l'intérêt à ma sœur... Les enfants de Rembrandt et de Victor Hugo n'étaient pas des génies... Et ma sœur n'est ni Rembrandt ni Victor Hugo.

Françoise DORIN, *Un sale égoïste*

*

Il émane de vous un fumet d'immense platitude ; cela sent la charentaise, le pot-au-feu, le mégot propre, le gazon coupé, la lavande dans les draps...

Éric-Emmanuel Schmitt,
Variations énigmatiques

– Un philosophe !
– Comment s'appelle-t-il ?
– Oh, vous ne connaissez pas. C'est un penseur d'intérieur : il fait réfléchir les miroirs !

Nicolas BEDOS, *Sortie de scène*

*

– Dans le cas où vous auriez à m'appeler, la sonnette, là, va à ma loge.
– Oui. Eh bien faites comme la sonnette : allez-y aussi !

Georges FEYDEAU, *Monsieur chasse !*

*

Restons-en là, mon garçon. Je veux croire que vous vous foutez de nous. C'est l'hypothèse la moins pénible.

Jean ANOUILH, *L'Hurluberlu ou le Réactionnaire amoureux*

*

– Elle va vous contrarier, je le sens jusque dans mes os.
– Vous confondez prémonitions et rhumatismes.

Noel COWARD, *Poste restante*
(adaptation de Stéphane Laporte)

*

Tu es ridicule, mon bonhomme, on dirait que tu joues une mauvaise pièce de boulevard.

Jean ANOUILH,
Le Boulanger, la boulangère et le petit mitron

UN MONDE FOU

Ce n'est pas pour me vanter mais il fait joliment chaud.

Eugène LABICHE, *29° à l'ombre*

*

Chacun son sexe, et les vaches seront bien gardées.

Agnès JAOUI et Jean-Pierre BACRI,
Un air de famille

*

Ce ne sont pas les oiseaux qui ont les plus beaux plumets qui chantent le meilleur.

Frantz FONSON et Fernand WICHELER,
Le Mariage de mademoiselle Beulemans

*

– Il y a longtemps que vous êtes là ?
– Trois quarts d'heure.
– Tant mieux, je craignais de vous avoir fait attendre.

Georges FEYDEAU, *La main passe*

*

Il s'appelle Toto. C'est un diminutif d'Hervé.

Georges FEYDEAU, *On purge bébé*

*

– Ah la la la la.
– Vous avez du chagrin ?
– Non, il s'emmerde.

Eugène IONESCO, *La Cantatrice chauve*

– Je me retirerais dans ma petite maison de famille… avec le Lot à mes pieds…
– Qui est Lolotte ?
– Le Lot et Garonne ! La rivière !

Maurice HENNEQUIN et Pierre VEBER, *La Présidente* (adaptation de Jean Poiret)

*

– Il s'appelle Juste Leblanc.
– Il n'a pas de prénom ?
– Juste ! C'est le prénom : Juste.
– Juste ? C'est pas fréquent comme prénom…

Francis VEBER, *Le Dîner de cons*

*

Il s'appelle Bichon… Je crois que c'est un diminutif de Robert mais je n'en suis pas sûr.

Jean DE LÉTRAZ, *Bichon*

*

– Picolette.
– Picolette… C'est un diminutif ?
– Oui : de Léa !

Félicien MARCEAU, *Madame Princesse*

*

– Conception ?... Mais je croyais qu'elle s'appelait Pepita !
– Exactement... Pepita-Conception ! Comme on dit Marie-Claude... C'est très courant en Andalousie !

Ray COONEY, *Panique au Plazza*
(adaptation de Christian Clavier et Jean-Marie Poiré)

*

– Comment se fait-il que vous vous appeliez Zaitsev puisque vous êtes le mari de Klava Igniatouk ?
– C'est mon nom de jeune fille !

Valentin KATAIEV, *Je veux voir Mioussov*
(adaptation de Tamara Dalmat
et Marc-Gilbert Sauvajon)

*

– Comment s'appelle-t-elle ?... Elle a un nom de charcuterie... Jambonneau... Jambonnet... Jan...
– Salamé !

Marc-Gilbert SAUVAJON, *Treize à table*

*

– Robert Walker ?... C'est votre nom, ça ?
– En réalité, je m'appelle Saupiquet...

Marc CAMOLETTI, *Duos sur canapé*

*

J'ai pratiquement terminé les gants pour mes petits lépreux de Djakarta... Je trouve ça complètement inutile, Pierre, c'est tout la Croix-Rouge : ils me demandent de faire des gants à trois doigts... Vous ne croyez pas que j'aurais plus vite fait de faire des moufles ?

Josiane BALASKO, Marie-Anne CHAZEL,
Christian CLAVIER, Gérard JUGNOT,
Thierry LHERMITTE, Bruno MOYNOT,
Le Père Noël est une ordure

– Je sais bien que c'est Maurice et Lily !... C'est leur nom de famille qui m'échappe... Je ne connais que ça... Un nom de chaussures... Ben aide-moi, toi !
– ...Tong !

Ray COONEY, *Espèces menacées*
(adaptation de Michel Blanc et Gérard Jugnot)

*

– Monsieur et madame Enfaillite ont une fille... Qui s'appelle ?
– (...) Zizi ! C'est Zizi ! Allez, c'est Zizi !... C'est pas Zizi ?
– (...) Vous m'agacez avec votre Zizi ! M'enfin, qu'est-ce que ça veut dire ça « Zizi Enfaillite » ? Ça ne veut rien dire !
– Si, des fois on dit... (...) Qu'est-ce que c'était le prénom ?
– Mélusine ! Mélusine Enfaillite !

Saul O'HARA, *Le noir te va si bien*
(adaptation de Jean Marsan)

*

– Je suis fabricant de savons de Marseille.
– Mais c'est très bien, ça ! Et tu habites Marseille ?
– Non, j'habite Bordeaux.

Sacha GUITRY, *Le Comédien*

*

– C'est joli, vos boutons de manchette, Arnold.
– Oui... ce sont des boutons de manchette... À propos de boutons de manchette, je prendrais bien un petit peu de champagne.

Ray COONEY et John CHAPMAN,
Le Vison voyageur
(adaptation de Jean-Loup Dabadie)

– Son père était pilote.
– Je croyais qu'il était tirailleur sénégalais.
– Il était pilote-tirailleur sénégalais ! Il tiraillait du haut de son aéronef !

Philippe HODARA et Bruno CHAPELLE,
Ce soir ou jamais

*

Le rhinocéros d'Asie a une corne, le rhinocéros d'Afrique deux. Et vice versa.

Eugène IONESCO, *Rhinocéros*

*

– Comment dit-on « l'union fait la force » en polonais ?
– Solidarnosc !

Jean-Noël FENWICK, *Les Palmes de monsieur Schutz*

*

Quand vous reviendrez, mon enfant, vous devriez faire comme Jules César. Quand il allait voir des amis à la nuit tombée, il se faisait précéder de deux éléphants qui tenaient des torches à bout de trompe… Je suppose qu'il évitait les petites rues.

Jacques DEVAL, *La Vénus de Milo*

*

– Sophie a de la fortune. À propos, vous avez faim ?
– Quel rapport ?
– Aucun, pourquoi ?
– Je ne sais pas, vous me dites « à propos ».
– À quel propos ?

Joseph CAROLE, *De doux dingues*
(adaptation de Michel André)

*

À propos de Puteaux, vous savez comment ça s'appelle les habitants de Puteaux ?... Des Putéoliens. Oui, ma chère. Et une Putéolienne ce n'est pas du tout ce que vous pourriez penser...

Robert ROCCA, *Un certain monsieur Blot*
(d'après Pierre Daninos)

*

– Moi, tu pourras me poser toutes les questions que tu veux sur ma vie, je te répondrai.
– D'accord !... Tu vas toujours au foot ?
– Oui.
– Tu vois ta mère tous les jours ?
– Oui.
– Eh bien voilà, on a fait le tour.

Muriel ROBIN et Pierre PALMADE, *Ils se sont aimés*

*

– Elle n'a pas de voisins !
– Comment ça, elle n'a pas de voisins ?
– Elle n'a pas de voisins ! Elle n'a pas les moyens.

Jean POIRET, *Joyeuses Pâques*

C'est lui ! Il imite d'une façon parfaite le cri de tous les animaux et des automobiles...

Tristan BERNARD, *Le Seul Bandit du village*

*

Je cherche en vain ma couche,
Je cherche mon attache,
Je voudrais être une mouche
Et vivre sur les vaches.

Muriel ROBIN et Pierre PALMADE, *Ils se sont aimés*

*

Trois cent mille kilomètres-seconde, c'est la vitesse de la lumière. Et je mets une heure à trouver le bouton !

Jean-Marie GOURIO, *Brèves de comptoir*

*

(Au téléphone.) Le verglas bien sûr ! (...) Mon pauvre ami, mais vous êtes fou. Vous allez vous casser la figure avant d'être arrivé à la gare. Les gens tombent sur les trottoirs comme des mouches !... Mais bien sûr que c'est très dangereux ! Surtout pour vous qui êtes chauve !

Marc-Gilbert SAUVAJON, *Treize à table*

*

– Si tu crois que je n'ai pas vu les sourires en coin derrière mon dos !
– Justement : s'ils étaient en coin derrière ton dos, on se demande comment tu as fait pour les voir !

Robert LAMOUREUX, *Le Tombeur*

*

Quand une cliente vient essayer un manteau, on lui demande toujours de flanquer ses vêtements par la fenêtre, parce qu'il n'y a pas de place pour les garder ici. C'est un rite !

Ray COONEY et John CHAPMAN, *Le Vison voyageur*
(adaptation de Jean-Loup Dabadie)

*

– C'est la robe que je porte pour la scène du naufrage du *Titanic.*
– Tu n'as pas peur qu'elle prenne l'eau ?
– Non... mais ce n'est pas un peu gai pour un naufrage ?
– Quand tu l'as mise, tu ne pouvais pas prévoir, grosse nigaude !
– Exact ! Si je prévois un naufrage, je choisis une autre robe.
– Tu choisis surtout un autre bateau !

John MURRAY et Allen BORETZ, *Adieu Berthe*
(adaptation d'Albert Husson et Francis Blanche)

*

Est-ce que quelqu'un a pensé à ranger mère ?

Françoise SAGAN, *Château en Suède*

Vous vous croyez encore en France ? (...) Mon cousin m'a tout raconté : les filles au coin des rues, les chambres d'hôtel à l'heure, les bidets ! Les bidets ! Allons, avouez-le qu'en France il y a des bidets, avouez-le !

Marcel AYMÉ, *La Mouche bleue*

Il est bien exact que dans la marine, le règlement dispose que l'on peut tuer le mousse et le consommer. En cas de famine, bien entendu, et sous diverses garanties.

Jacques AUDIBERTI, *Quoat-Quoat*

*

– Une vieille famille de marins !
– À Limoges ?
– … Et les canaux ?

Jean POIRET, *Joyeuses Pâques*

*

Paulo et moi on a toujours rêvé d'une maison de plain-pied avec deux étages.

Laurent RUQUIER, *Grosse chaleur*

*

– Il était dans l'armée quand Sybil a voulu rompre ses fiançailles une première fois. Un jour, sous le prétexte de le nettoyer, il s'est mis à sucer le canon de son revolver.
– Non ?
– Oui !
– Heureusement qu'il n'était pas dans les chars !

Neil SIMON, *Drôle de couple*
(adaptation d'Albert Husson)

*

– C'est curieux, aujourd'hui, tout le monde dit « *black* »... Avant, on disait « noir », maintenant on dit « *black* ». Pourquoi ?
– C'est plus joli...
– Vous pourriez dire « noir ». C'est pas un gros mot « noir ». Pour un Blanc, on ne dit pas qu'il est « *white* » !

Gérard SIBLEYRAS, *L'Inscription*

*

– Tu es, maintenant, le plus connu des enfants de Sucy-en-Brie. Il est même plus connu que Tchaïkovski !
– Tchaïkovski ?
– Le footballeur !

Raymond CASTANS, *Auguste*

*

– Je n'ai pas trouvé ma case. J'ai été obligé de passer la nuit avec cette femme charmante au sanitaire.
– Je précise que je peux être charmante ailleurs qu'au sanitaire.

L'Équipe du Splendid,
Amours, coquillages et crustacés

*

– Pourquoi le directeur de l'hôtel s'est-il permis de sortir votre belle-sœur avec tant de violence ?
– Parce que c'est une vieille, vieille, vieille mais très, très vieille coutume andalouse : on doit faire le tour de la chambre à coucher très rapidement en criant : « J'ai fait les lits ! J'ai fait les lits ! » Et le mariage est fertile.

Ray COONEY, *Panique au Plazza*
(adaptation de Christian Clavier et Jean-Marie Poiré)

*

On ne peut pas demander à un manchot de jouer du violon !

Georges FEYDEAU, *L'Hôtel du libre échange*

*

– Même maintenant, je continue à faire de la bicyclette.
– C'est bon pour la circulation.
– Forcément : ça fait toujours une voiture de moins !

Françoise DORIN, *Les Bonshommes*

*

Si tout le monde faisait du vélo, il y aurait peut-être moins d'accidents d'autos.

René DE OBALDIA, *Le Satyre de La Villette*

*

On était en plein Scrabble... Il joue contre nous deux. Il est redoutable... 1 500 points ! Vous vous rendez compte ? Il nous écrabouille ! Il trouve de ces mots ! Il vient de nous balancer « cyclothymique » sur mot triple !... Moi, j'avais « andouillette », je n'ai pas pu le placer comme mot !

Ray COONEY, *Espèces menacées*
(adaptation de Michel Blanc et Gérard Jugnot)

Le petit aura un vélo quand il saura en faire !

Jean-Marie GOURIO, *Brèves de comptoir*

*

En plein vol, aucune compagnie aérienne n'a le droit de demander à un passager de quitter l'avion !

Peter YELDHAM et Donald CHURCHILL,
Deux hommes dans une valise
(adaptation de Pol Quentin)

*

– Votre pendulette est arrêtée ?
– Je n'en sais rien... Elle est tellement délicate que je n'ose même pas y lire l'heure.

Noel COWARD, *Poste restante*
(adaptation de Stéphane Laporte)

*

– « *Perdu en haut, sur la falaise,*
Une cloche au loin sonne... »
(...) Qu'est-ce qu'elle peut bien sonner cette cloche ? Midi ? Minuit ?... (...) Ça rime mal avec falaise...
– Treize !
– « *Une cloche au loin sonne treize !* »
– (...) Ça fait beaucoup mais c'est plus évocateur.

Jan DE HARTOG, *Le Ciel de lit*
(adaptation de Colette)

*

Le numéro de votre correspondant a changé ; pour l'obtenir, composez le 24 34 28, puis le 614 223 45 9 11 704 2 27 404 00 33 22...

Ray COONEY, *Double mixte*
(adaptation de Jean-Loup Dabadie)

*

– Où est-ce que tu as mis le téléphone ?
– Enfin, Henri, dans la cafetière !
– Il n'y est plus !
– Qu'est-ce que tu racontes qu'il n'y est plus ? Ne me dis pas ça... Je t'avais bien dit de l'attacher, ce téléphone !

Maria PACÔME, *On m'appelle Émilie*

*

C'est la particularité de l'ouzo : pas de migraine. Seulement, pendant trois jours, vous ne pourrez pas serrer les poings.

Neil SIMON, *Pieds nus dans le parc*
(adaptation d'André Roussin)

*

– J'ai les nerfs qui lâchent. J'ai l'œil droit qui clignote !
– Et alors, tu vas doubler ?

Robert LAMOUREUX, *Le Tombeur*

*

– Merci pour ce dîner très original.
– Attends ! On n'a rien mangé !
– C'est bien ce que je dis : c'est très original pour un dîner !

Ray COONEY, *Espèces menacées*
(adaptation de Michel Blanc et Gérard Jugnot)

Il y a deux mois, je revenais d'un certain rendez-vous, je t'ai dit quelque chose, tu m'as répondu quelque chose. Tu vois de quoi je parle ?

Muriel ROBIN et Pierre PALMADE, *Ils s'aiment*

*

– Cigarillos espagnols. Tu aimes ? (...)
– On dirait du...
– Du pont-l'évêque. Ça a un goût de pont-l'évêque... On s'habitue, remarque...

Yasmina REZA, *Conversations après un enterrement*

*

– Terrine de Nérac.
– Oui... oui... j'aime assez ça... Je ne sais pas ce que c'est mais j'aime assez ça.

Eugène LABICHE, *La Cagnotte*

*

– Comment vous le trouvez ?
– C'est Mozart sur une tartine !

Raymond VINCY et Jean VALMY,
J'y suis, j'y reste

*

C'est ton dernier mot ?... Cette question est idiote, d'ailleurs. Personne ne vous répond jamais : « Non c'est l'avant-dernier ! »...

Françoise SAGAN,
La Robe mauve de Valentine

Du chasseur abattu. Voilà ce qu'on devrait manger plus souvent. Une bonne gibelotte de chasseur abattu. Et ça aurait au moins l'avantage, sur le melon au Porto, c'est qu'on ne serait pas obligé de lui rajouter de l'alcool. Il y en a déjà à l'intérieur.

Laurent RUQUIER, *Grosse chaleur*

*

– Et, par-dessus le marché, ce soir nous avons un dîner avec des gens enquiquinants.
– Vous voulez sans doute parler de mon mari, de mon fils et de moi-même ?

Claude MAGNIER, *Léon ou la Bonne Formule*

*

– L'Évangile dit : « Lorsqu'on te frappe sur une joue, il faut tendre l'autre. » Et vous savez pourquoi ?
– Non.
– Parce que le temps que votre adversaire s'approche pour la deuxième gifle, on peut lui faire un croche-pied !

Robert THOMAS, *Double jeu*

*

– J'eusse préféré que nous nous fussions connus dans d'autres circonstances, mais il eût fallu que nous anticipassions cette rencontre...

– Pour le français t'as pas à t'en faire : Tatiana et moi on va te prendre en mains ! Tu verras, ça revient vite.

Alain REYNAUD-FOURTON, *Monsieur Amédée*

*

Imagine : je suis dans le bus, bien assis, en train de lire mon journal. Il y a un clodo qui vient s'asseoir à côté de moi. Alors, moi je me lève en me pinçant le nez et je vais m'asseoir à l'autre bout du bus... Le clodo est complètement parano s'il le prend pour lui ?

Fabrice ROGER-LACAN, *Cravate Club*

*

– Possibilité étudiant Sklodowska amarrer ma manteau sur votrre bitte ?
– Oui, mais on dit portemanteau.

Jean-Noël FENWICK, *Les Palmes de monsieur Schutz*

*

– *To be or not to be !*
– Ah, vous parlez flamand ?

Philippe HODARA et Bruno CHAPELLE,
Ce soir ou jamais

*

– C'est quoi ce café à la bohémienne ?
– Eh bien, euh... C'est assez long... Parce que... il faut écraser les grains avec les pieds nus !

Ray Cooney, *Double mixte*
(adaptation de Jean-Loup Dabadie)

– Ta tante t'attend !
– Pardon ?

Michel PERTWEE, *Le Diamant rose*
(adaptation de Pierre Laville)

*

– Allez donner quelques puces séchées à mon poisson rouge ; j'ai oublié de lui donner à dîner.
– Vous avez un poisson rouge ?
– Dans ma chambre ! S'il s'est envolé, vous viendrez me le dire.

Léonard SPIGELGLASS, *Le Pont japonais*
(adaptation de Pierre Barillet et Jean-Pierre Grédy)

*

– Mais on ne va pas vendre des suppositoires en forme de poissons rouges !
– Mais si ! C'est une très bonne idée : les enfants et les chats vont adorer !

Jean-Noël FENWICK, *Moi, mais en mieux*

*

– Pourquoi tu écris si gros ?
– Parce que papy est sourd !

Chris COLUMBUS et Jaja FIASTRI, *Madame Doubtfire*
(adaptation d'Albert Algoud)

*

J'arrive du Trocadéro, c'est ébouriffant ! Super-résistant s'est jeté du deuxième étage de la tour Eiffel et, accroché à un grappin, il a mitraillé la voiture de Rommel !... Malheureusement, il n'y avait personne dedans. Mais enfin, il y a quand même eu dix morts dans la population civile !

Christian CLAVIER et Martin LAMOTTE,
Papy fait de la résistance

*

Si tes cheveux sont emmêlés,
Si t'arrives plus à te peigner,
Si tu sens que t'es mal coiffé,
Si, sur ta tête, c'est le chantier,
Tu peux te brosser !

Laurent BAFFIE, *Sexe, magouilles et culture générale*

*

– Nous autres, huissiers, fermons les yeux sur le sexe des visiteurs. Nous nous contentons d'introduire.
– C'est déjà pas si mal quand c'est bien fait…
– … Je vais demander à madame la permission de me retirer.
– Vous faites comme vous le sentez…

Maurice HENNEQUIN et Pierre VEBER, *La Présidente*
(adaptation de Jean Poiret)

*

– Vous auriez une relation, que le concierge n'a pas besoin de savoir si c'est votre mère ou votre sœur.
– Mais aucune relation ! Pas plus avec ma mère qu'avec ma sœur !

Georges FEYDEAU, *La main passe*

*

– C'est un homme charmant. Jeudi dernier il a chanté chez la comtesse de Bray… qui a de si jolis pieds… Vous savez ?
– Oui. Eh bien ?
– Devinez ce qu'il lui a demandé !
– Dame ! Je ne sais pas… Un pot de giroflées ?
– Non : un soulier de bal.
– Un soulier ! Ah voilà un original.
– Il est plein de fantaisies.
– … Tant qu'elles ne passeront pas la cheville.

Eugène LABICHE, *Un chapeau de paille d'Italie*

*

– Ma carrière est finie. Il faut que j'aille à Moscou et que j'avoue tout.
– Mais avouer quoi ?
– Ils me le diront là-bas !

Peter USTINOV, *L'Amour des quatre colonels*
(adaptation de Marc-Gilbert Sauvajon)

*

– C'est vous qui avez jeté la bouteille dans la cour ?
– J'ai lancé une bouteille en l'air… Si j'avais pu penser qu'elle retomberait !

Ben HECHT et Charles MAC ARTHUR,
Spéciale dernière
(adaptation de Jacques Deval)

Débrouille-toi pour me trouver deux ou trois statues d'empereurs romains ; ça fait grec...

Pierre-Aristide BRÉAL, *La Grande Oreille*

*

– Ah ! Je veux oublier le lieu de sa retraite.
– La retraite de qui ?
– La retraite d'Aricie ! Qu'elle sorte de moi ! Aricie la sortie !

Pierre DAC, *Phèdre*

*

Mais oui, tu iras chez les Turcs !... Chez les Turcs où les femmes cachent leur figure, où les hommes montrent leur fez...

Sacha GUITRY, *L'Illusionniste*

*

À Gomorrhe !... Je suis à Gomorrhe !... c'est une ville maudite. C'est pour cela que j'y suis venue. Cette ville est, dit-on, pleine de tentations. J'espère bien ne pas y succomber. Quelle gloire si je n'y succombe pas !... Et quelles compensations si j'y succombe...

Tristan BERNARD, *La Petite Femme de Loth*

*

La place Saint-Marc en chair et en os, ce n'est pas la même chose.

Alfred SAVOIR, *La Voie lactée*

*

Venise c'est autre chose... Les gondoles... Le Parthénon...

Félicien MARCEAU, *Madame Princesse*

*

– Je commence à me poser des questions sur la véracité de vos dires quand vous affirmez que vous êtes suisse. Quelle est la capitale de la Suisse ?
– Helsinki.

Ray GALTON et John ANTROBUS, *Quelle nuit !...*
(adaptation de Michèle LAROQUE
et Dominique DESCHAMPS)

*

Ah ! que je suis fatigué. Tout de même, il est midi. (...) Je dors à moitié... Et dire... Et dire que si Paris était aux antipodes, il serait seulement minuit. Je pourrais encore dormir sept heures et je passerais pour un homme matinal ! Quel est l'idiot contrariant qui a fichu Paris de ce côté-ci du Globe ?

Georges FEYDEAU, *Occupe-toi d'Amélie*

*

– Ça arrive d'être en retard !... Ça ne t'arrive jamais d'être en retard, toi ?
– Si, moi je le suis tout le temps.
– Ah !
– Parce que je vais toujours avec toi !

Muriel ROBIN et Pierre PALMADE, *Ils s'aiment*

*

Je te donne ma voix des deux mains.

André ROUSSIN, *La Voyante*

*

– Nul ne sait qui habite l'appartement 4-D ; nul n'y est entré, ni n'en est sorti, depuis trois ans. Mais on sait que, tous les matins, on trouve neuf boîtes de thon vides devant la porte.
– Sans blague ! Mais qui peut bien habiter là, à ton avis ?
– Sans doute un gros chat qui a un ouvre-boîtes.

Neil SIMON, *Pieds nus dans le parc*
(adaptation d'André Roussin)

*

Je ne lui dirai plus rien à votre fille. Je me contenterai de la regarder en silence... comme un oignon regarde le soleil !

Eugène LABICHE, *Un notaire à marier*

*

– Ça ne va pas, non ? Vous êtes tarés !
– On est désolé, c'est le chien qui jouait.
– En lançant des cendriers par la fenêtre ?
– Ben oui, parfaitement : il est contre le tabac !

Pierre PALMADE et Dominique LAVANANT,
Ma sœur est un chic type

*

La télé c'est tellement con, même les pigeons se posent plus sur les antennes.

Jean-Marie GOURIO, *Brèves de comptoir*

*

– C'est vrai qu'on ne vous a plus vue au club ces derniers temps, Rachel, que s'est-il passé ?
– Eh bien, en fait, j'ai changé de sport.
– Vous faites quoi maintenant ?
– La chasse aux cons !
– Eh bé, il doit y avoir beaucoup de gibier !

Éric DELCOURT, *La Sœur du Grec*

*

Je peux vous dire qu'en une soirée, vous avez vengé tous les cons qui ont participé à tous les dîners de cons, à travers les âges et dans le monde entier.

Francis VEBER, *Le Dîner de cons*

TABLE

AU CHERCHE MIDI
COLLECTION LES PENSÉES

Pensées, textes et anecdotes d'Alphonse Allais

Les Pensées de Jean Amadou

Les Pensées de José Artur

Pensées provisoirement définitives d'Yvan Audouard

Pointes, piques et répliques de Guy Bedos

Pensées, répliques et anecdotes de Francis Blanche

Les Pensées des Boulevardiers : Alphonse Karr, Aurélien Scholl, Georges Feydeau, Cami

Les Pensées de Philippe Bouvard

Mille et Une Pensées de Philippe Bouvard

Les Pensées d'Alfred Capus

Les Pensées de Cavanna

Pensées, répliques et anecdotes de Claude Chabrol

Pensées et anecdotes de Coluche illustrées par Cabu, Gébé, Gotlib, Reiser, Wolinski

Et vous trouvez ça drôle ? de Coluche

Ça roule ma poule ! de Coluche

Les Pensées de Courteline

Les Pensées de Pierre Dac

Le Grand Livre de la méchanceté de Pierre Drachline

Les Pensées de Jean Dutourd

Pensées et répliques de Jacques Dutronc

Les Pensées de Gustave Flaubert, suivies du *Dictionnaire des idées reçues*

Les Pensées d'Anatole France

Les Pensées d'André Frossard

Les Pensées, répliques et anecdotes de De Gaulle choisies par Marcel Jullian

Pensées, maximes et anecdotes de Sacha Guitry

Pensées, répliques et anecdotes des Marx Brothers

Portraits acides et autres pensées édifiantes de Philippe Meyer

Les Pensées des Monty Python

La Jument du capitaine Pensées, textes et répliques de René de Obaldia

Les Pensées de Pierre Perret

Les Pensées de Daniel Prévost

Pensées, répliques et portraits de Rivarol

Pense-bêtes de Topor illustré par lui-même

Vracs de Tomi Ungerer

Les Pensées d'Oscar Wilde

Les Pensées de Wolinski illustrées par lui-même

Mes aveux, de Wolinski

Pensées, répliques, textes et anecdotes de Jean Yanne

Je suis un être exquis de Jean Yanne

Je me marre de Jean Yanne

COLLECTION LE SENS DE L'HUMOUR

LAURENT BAFFIE
Tu l'as dit Baffie !

GUY BEDOS
Arrêtez le monde, je veux descendre
Sarko and Co

JAN BLÈZE
Ça, c'est un comble alors !

LAURENCE BOCCOLINI
Méchante
Méchante 2

PHILIPPE BOUVARD
Journal de Bouvard
Le Meilleur des Grosses Têtes
Auto-psy d'un bon vivant

JAMES DARWEN
Le Meilleur de l'humour anglo-américain

PATRICE DELBOURG
Demandez nos calembours
Demandez nos exquis mots

GÉBÉ
Un dimanche au frais

PHILIPPE HÉRACLÈS
Le Grand Livre de l'humour noir
Illustrations de Kerleroux
Le Petit Livre de l'humour noir
Éternellement vôtre !
Le Petit Livre des épitaphes les plus drôles

OLIVIER DE KERSAUSON
Macho mais accro. T'as pas honte ?
illustré par Wolinski

INGRID NAOUR
Drôles de zèbres

POPECK
On n'est pas des sauvages

DANIEL PRÉVOST
Un couple de notre temps
L'Éloge du moi
Lettres d'adieu

MAURICE RAJSFUS
et INGRID NAOUR
L'Humour des Français sous l'Occupation

PIERRE RICHARD
Comme un poisson sans eau

ANDRÉ SANTINI
et PIERRE DOTTELONDE
Ô Corse, île d'humour

PATRICK TIMSIT,
J.-F. HALLIN,
RAFFY SHART
Les Carnets secrets de Quasimodo

PHILIPPE VAL
Allez-y, vous n'en reviendrez pas
Bonjour l'ambiance
Fin de siècle en solde
No problem !
Bons baisers de Ben Laden
Les Traites et les Crétins

WOLINSKI
La Morale
Défense de fumer

Mis en pages par DV Arts Graphiques à La Rochelle
Imprimé en France par la Société Nouvelle Firmin-Didot
Dépôt légal : mai 2008
N° d'édition : 922 – N° d'impression : 89920
ISBN 978-2-7491-0922-0